¡Imagínalo!

Manual visual de destrezas

Propósito del autor

Los autores escriben para informar o entretener

Informar

Entretener

Causa y efecto

¿Por qué ocurrió?

Causa

¿Qué ocurrió?

Efecto

Clasificar y categorizar

¿Qué juguetes van juntos?

Naves espaciales

Muñecos de acción

Comparar y contrastar

Detalles y hechos

¡Mido 48 pulgadas de alto!
¡Crecí 4 pulgadas desde primer grado!

7 años
48 pulgadas

6 años
44 pulgadas

4 años
38 pulgadas

Sacar conclusiones

Usa lo que ya sabes para comprender lo que ocurre.

Hechos y opiniones

El enunciado de un hecho puede probarse que es verdadero o falso.

Esta película es sobre los hermanos Wright.

Hecho

El enunciado de una opinión expresa las ideas o sentimentos de una persona.

Opinión

Fuentes gráficas

Línea cronológica

Cómo me preparo para la escuela

6:30   7:00   7:30   8:00   8:30   9:00

Gráfica circular

Cómo llegamos a la escuela

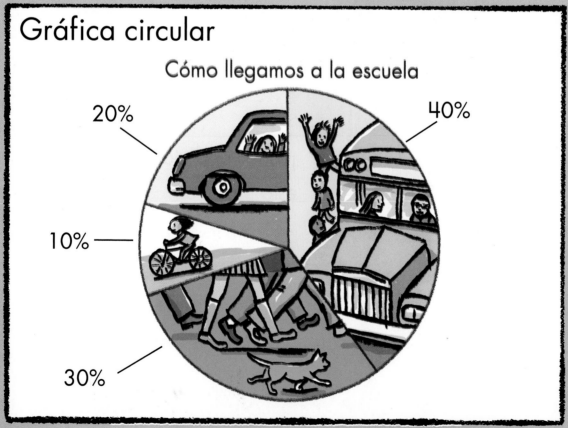

20%

40%

10%

30%

Idea principal y detalles

Idea principal

¿De qué trata la lectura?

Detalles

Secuencia

¿Qué sucede primero, después y por último?

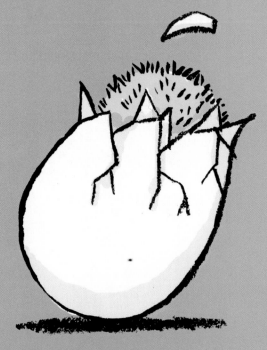

Pasos de un proceso

1

2

3

4

Elementos literarios

Personajes

Argumento

Principio

Medio

Final

¿Qué ocurre al principio, en el medio y al final del cuento?

Problema/solución

Problema

Solución

Ambiente

Es el tiempo y el lugar en que se desarrolla un cuento.

Tema

¿Cuál es la idea general del cuento?

¡Imagínalo!

Aprendizaje visual de estrategias

Conocimientos previos

Ideas importantes

Inferir

Verificar y aclarar

Predecir y establecer propósitos

Preguntar

Estructura del cuento

Resumir

Estructura del texto

Visualizar

Conocimientos previos

Conocimientos previos es lo que ya sabes sobre un tema. Usa los conocimientos previos antes, durante, y después de leer para verificar tu comprensión.

¡Pensemos en la lectura!

Cuando uso conocimientos previos, me pregunto
- ¿Qué es lo que ya sé?
- ¿Qué me recuerda esto?
- ¿En qué otros cuentos me hace pensar?

Ideas importantes

Ideas importantes son las ideas esenciales y los detalles de apoyo de una selección. Las ideas importantes incluyen información y hechos que dan pistas para llegar al propósito del autor.

Inferir

Cuando **inferimos**, usamos conocimientos previos y pistas del texto para llegar a nuestras propias ideas. Lo hacemos para apoyar la comprensión.

¡Pensemos en la lectura!

Cuando infiero, me pregunto

- ¿Qué es lo que ya sé?
- ¿Cómo me ayuda esto a comprender qué sucedió?

Verificar y aclarar

Verificamos la comprensión para asegurarnos de que la lectura tiene sentido. **Aclaramos** para descubrir porqué no hemos entendido. Luego, solucionamos los problemas.

Esto es difícil de comprender. Volveré a leerlo para averiguarlo.

¡Pensemos en la lectura!

Cuando verifico y aclaro, me pregunto
- ¿Entiendo lo que estoy leyendo?
- ¿Qué es lo que no tiene sentido?
- ¿Cómo puedo solucionarlo?

Predecir y establecer propósitos

Predecimos para decir qué puede suceder después en un cuento o artículo. La predicción se basa en lo que ya ha sucedido.

Establecemos un propósito para guiar nuestra lectura.

¡Pensemos en la lectura!

Cuando predigo y establezco un propósito, me pregunto

- ¿Qué es lo que ya sé?
- ¿Qué pienso que sucederá después?
- ¿Cuál es mi objetivo al leer?

Preguntar

Preguntar es hacer buenas preguntas acerca de información importante del texto. Preguntar sucede antes, durante y después de la lectura.

¡Pensemos en la lectura!

Cuando pregunto, me pregunto
- ¿De qué tratará esto?
- ¿Qué quiere decir el autor?
- ¿Qué preguntas me ayudan a comprender lo que estoy leyendo?

Estructura del cuento

La **estructura del cuento** es el ordenamiento del cuento de principio a fin. Usamos la estructura para volver a contar los sucesos importantes de un cuento.

Principio

¡Bola uno!

Medio

¡Bola dos!

Fin

¡Pensemos en la lectura!

Cuando identifico la estructura del cuento, me pregunto
- ¿Qué sucede al principio?
- ¿Qué sucede en el medio?
- ¿Qué sucede al final?
- ¿Cómo uso esta estructura para volver a contar el cuento?

Resumir

Cuando **resumimos**, usamos nuestras propias palabras para volver a contar las ideas o los sucesos más importantes de lo que hemos leído. Un resumen tiene pocas oraciones.

¡Pensemos en la lectura!

Cuando resumo, me pregunto

- ¿De qué trata esto principalmente?
- ¿Qué quiere decir el autor?
- ¿Cómo se organiza la información?

Estructura del texto

Usamos la **estructura del texto** cuando se trata de no ficción, para describir el orden de los sucesos en un texto; por ejemplo, causa y efecto o secuencia. Presta atención a la estructura del texto antes, durante y después de la lectura.

¡Pensemos en la lectura!

Cuando identifico la estructura del texto, me pregunto

- ¿Cómo se organiza el texto? ¿Según causa y efecto? ¿En secuencia? ¿De otra manera?
- ¿Cómo me sirve de ayuda la estructura para describir el orden del texto?

Visualizar

Visualizamos para formar imágenes en nuestra mente sobre lo que sucede en un cuento o artículo.

¡Pensemos en la lectura!

Cuando visualizo, me pregunto
- ¿Qué es lo que ya sé?
- ¿Qué palabras y frases crean imágenes en mi mente?
- ¿Cómo me ayuda esto a comprender lo que estoy leyendo?

CALLE de la Lectura

Autores del programa

Peter Afflerbach

Camille Blachowicz

Candy Dawson Boyd

Elena Izquierdo

Connie Juel

Edward Kame'enui

Donald Leu

Jeanne Paratore

P. David Pearson

Sam Sebesta

Deborah Simmons

Alfred Tatum

Sharon Vaughn

Susan Watts Taffe

Karen Kring Wixson

Autores del programa en español

Kathy C. Escamilla

Antonio Fierro

Mary Esther Huerta

Elena Izquierdo

Glenview, Illinois • Boston, Massachusetts • Chandler, Arizona
Upper Saddle River, New Jersey

Dedicamos Calle de la Lectura a

Peter Jovanovich.

Su sabiduría, valentía
y pasión por la educación
son una inspiración para todos.

Accelerated Reader®

Acerca del ilustrador de la cubierta

Cuando Scott Gustafson cursaba la escuela primaria, dedicaba la mayor parte de su tiempo libre a hacer dibujos. En la actualidad se gana la vida haciendo dibujos. Antes de comenzar a pintar, toma fotografías a su familia, a sus mascotas o a sus amigos posando como los personajes que aparecerán en la ilustración. Después utiliza las fotos como referencia al dar los últimos toques al dibujo. En esta cubierta aparece su mascota, una cacatúa llamada Piper.

PEARSON

ISBN-13: 978-0-328-48438-6
ISBN-10: 0-328-48438-5
1 2 3 4 5 6 7 8 9 10 V063 13 12 11 10 09

Querido lector:

¿Ha sido interesante hasta el momento tu viaje a lo largo de la *Calle de la Lectura de Scott Foresman?* Esperamos que sí. ¿Estás listo para más aventuras de lectura? En este libro aprenderás sobre calabazas, el suelo y las aventuras de Luna en el fondo del mar. Leerás acerca de bomberos, vaqueros, la bandera de nuestro país y sobre una niña que gana las elecciones presidenciales en su escuela.

Cada vez que doblas una esquina, aprenderás algo nuevo. Pero también tendrás muchas oportunidades de usar lo que has aprendido anteriormente. Esperamos que te diviertas al hacerlo.

Acomódate en tu asiento y ¡disfruta el viaje!

Cordialmente,
Los autores

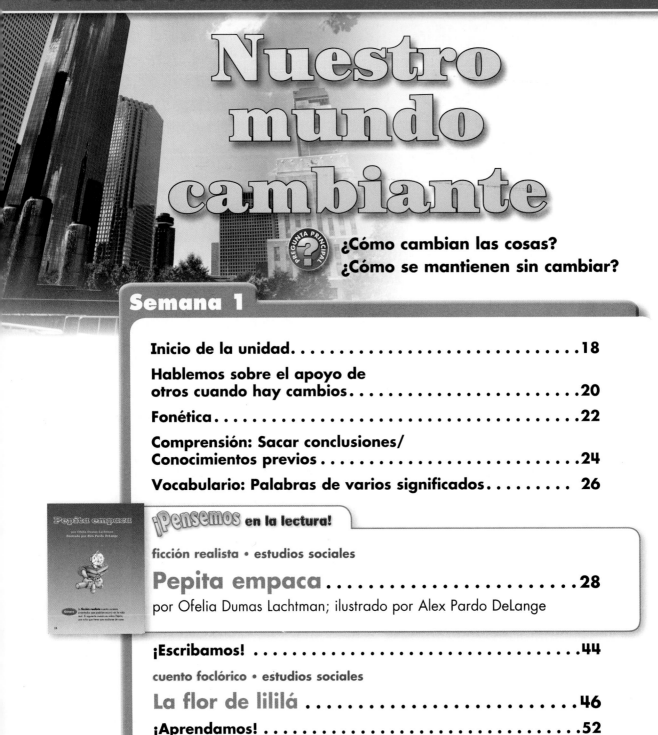

Nuestro mundo cambiante

PREGUNTA PRINCIPAL

¿Cómo cambian las cosas?
¿Cómo se mantienen sin cambiar?

Semana 1

¡Pensemos en la lectura!

ficción realista • estudios sociales

Semana 2

Semana 3

Semana 4

mito • estudios sociales

destrezas del siglo XXI • correo electrónico

Semana 5

leyenda/receta • ciencias

texto expositivo • ciencias

Semana 6

Repaso interactivo
Cuaderno de lectores y escritores

 **¡Imagínalo!** Manual de comprensión de lectura

¡Imagínalo! Aprendizaje visual de destrezas I1–I15

¡Imagínalo! Aprendizaje visual de estrategias I17–I27

¡PALABRAS! Manual de vocabulario P1–P14

Responsabilidad

¿Qué significa ser responsable?

Semana 1

¡Pensemos en la lectura!

no ficción literaria • estudios sociales

obra de teatro • estudios sociales

Semana 2

Semana 3

9

Unidad 5: Contenido

Semana 6

Repaso interactivo
Cuaderno de lectores y escritores

¡Imagínalo! **Manual de comprensión de lectura**

¡Imagínalo! Aprendizaje visual de destrezas I1–I15

¡Imagínalo! Aprendizaje visual de estrategias I17–I27

¡PALABRAS! Manual de vocabulario P1–P14

¿Qué importancia tienen las tradiciones y las celebraciones en nuestra vida?

Tradiciones

Semana 1

¡Pensemos en la lectura!

ficción realista • estudios sociales

Unidad 6: Contenido

Semana 6

Repaso interactivo
Cuaderno de lectores y escritores

¡Imagínalo! **Manual de comprensión de lectura**

¡Imagínalo! Aprendizaje visual de destrezas I1–I15

¡Imagínalo! Aprendizaje visual de estrategias I17–I27

¡PALABRAS! Manual de vocabulario P1–P14

Don Leu
El experto en Internet

La naturaleza de la lectura y el aprendizaje cambia ante nuestros propios ojos. La Internet y otras tecnologías crean nuevas oportunidades, nuevas soluciones y nuevos conocimientos. Para trabajar en línea hacen falta nuevas destrezas de comprensión de la lectura. Estas destrezas son cada vez más importantes para nuestros estudiantes y nuestra sociedad.

Nosotros, los miembros del equipo de Calle de la Lectura, estamos aquí para ayudarte en este nuevo y emocionante viaje.

¡Míralo!

- Video de la Pregunta principal

- Video de Hablar del concepto

- Animaciones de ¡Imagínalo!

- Libritos electrónicos

queso

/k/

- Tarjetas interactivas de sonidos y grafías

¡Escúchalo!

- *Cantemos juntos* con Palabras asombrosas

- Selecciones electrónicas

- GramatiRitmos

- Actividades de vocabulario

Los perros corren.
El pato voló.
El perro está corriendo.
El perro está cansado.

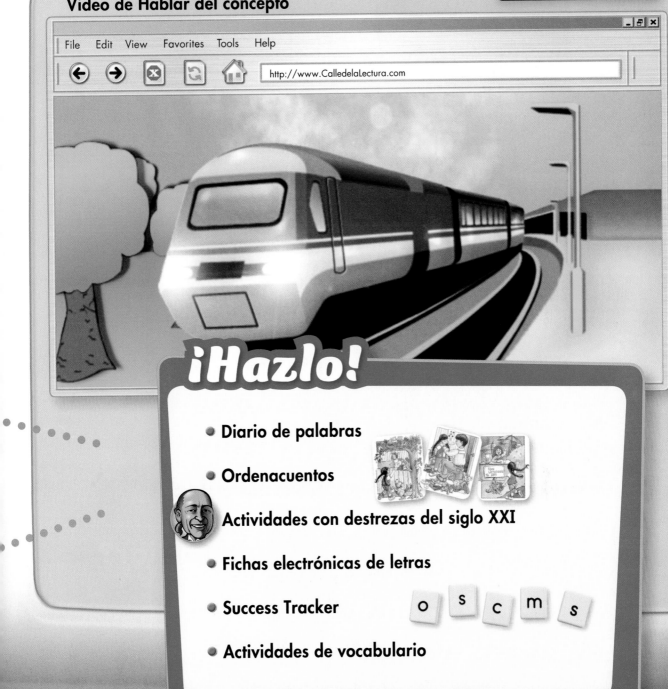

Video de Hablar del concepto

File Edit View Favorites Tools Help

http://www.CalledelaLectura.com

¡Hazlo!

- Diario de palabras

- Ordenacuentos

- Actividades con destrezas del siglo XXI

- Fichas electrónicas de letras

- Success Tracker

- Actividades de vocabulario

o s c m s

Nuestro mundo cambiante

¿Cómo cambian las cosas? ¿Cómo se mantienen sin cambiar?

Vocabulario Oral

Hablemos sobre

El apoyo de las cosas y personas conocidas cuando hay cambios

- Comenta la información sobre el apoyo de las cosas y personas conocidas en momentos de cambio.

- Comenta tus ideas sobre las cosas que nos ayudan a entender los cambios.

CALLE DE LA LECTURA EN LÍNEA
VIDEO DE HABLAR DEL CONCEPTO
www.CalledelaLectura.com

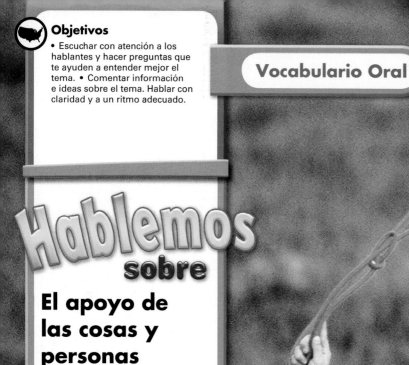

20

¡Has aprendido **1 2 1** palabras asombrosas este año!

21

dormido

-ido/ida

CALLE DE LA LECTURA EN LÍNEA
TARJETAS DE SONIDOS Y GRAFÍAS
www.CalledelaLectura.com

Fonética

Sufijos -ado, -ada, -ido, -ida

Sonidos y sílabas que puedo combinar

limitado

perdido

arropada

asombrado

colorida

Oraciones que puedo leer

1. El espacio en mi mochila es muy limitado.

2. Mi gata estaba muy arropada con su colcha colorida.

3. El niño perdido parecía asombrado al ver a su hermana.

¡Ya puedo leer!

Cuando llegué a la casa, no estaba mi merienda en la mesa como todos los días. Alguien se había comido mi pan con crema de cacahuate y bebido mi leche. Papá estaba sentado en la sala. Mamá estaba acostada en su cuarto. La luz del cuarto de mi hermano Luis estaba apagada. ¿Quién pudo haber sido? Fido, mi perro, estaba metido en su casita. Estaba dormido. ¡Cuándo me acerqué quedé sorprendida! Fido tenía el hocico manchado con crema de cacahuate. Se había escabullido en la cocina y devorado mi merienda.

Has aprendido

⊙ Sufijos -ado, -ada, -ido, -ida

Objetivos
• Verificar tu comprensión y hacer correcciones cuando no entiendas lo que lees. • Hacer inferencias sobre lo que lees, usando detalles del texto para apoyar tus ideas. • Conectar lo que lees con tus propias experiencias, con otros textos y con la comunidad que tienes alrededor.

¡Imagínalo!

Destreza

Estrategia

Destreza de comprensión

Sacar conclusiones/ Inferir

• Cuando lees, puedes sacar conclusiones o averiguar más acerca de los personajes y sucesos de un cuento.

• Usa evidencia del texto para sacar concluciones.

• Busca palabras en el texto para apoyar tus ideas.

• Usa un organizador gráfico como el siguiente, así como lo que has aprendido sobre sacar conclusiones, mientras lees "Buenos vecinos".

Lo que has leído	Lo que sabes

Saca una conclusión

Estrategia de comprensión

Conocimientos previos

Conocimiento previo es lo que ya sabes sobre un tema. Es lo que sabes a través de tu experiencia o por otras lecturas. El buen lector usa sus conocimientos previos como ayuda para comprender mientras lee.

Buenos vecinos

Beto entró en su casa nueva. Fue a conocer cada rincón. Estaba seguro de que le gustaría vivir allí. En su recorrido, lo sigue bien pegadito a sus pies, su gatito "Tito".

Estrategia Piensa en lo que ya sabes acerca del comportamiento de los gatitos.

Tito es muy travieso. En la vieja casa se trepaba a los arbolitos del jardín y esperaba que Beto o su mama lo bajaran.

Apenas Beto se asoma al nuevo patio, Tito corre, salta, trepa, sube y sube… ¡Qué árbol tan alto! Y allá en la copa del árbol espera que Beto o su mamá lo bajen. Pero Beto no puede llegar hasta allí, tampoco su mamá.

Destreza ¿Por qué le gustó el vecindario a Beto?

Cuando van a llamar a los bomberos para el rescate, aparece un vecino con ganas de ayudar y una escalera larga, larga. Beto y su mama le agradecen. ¡A Beto le gustan su nueva casa y este vecindario!

¡Es tu turno!

⏸ **¿Necesitas repasar?** Mira el *¡Imagínalo!: Cuaderno de práctica* para obtener ayuda sobre sacar conclusiones/inferir y conocimientos previos.

Pensemos…

▶ **¡Inténtalo!** Mientras lees *Pepita empaca*, usa lo que has aprendido sobre sacar conclusiones/inferir y conocimientos previos.

empacar

mudanza

despedirse

abarrotes
comal
enroscado
permanecieron
tintineante

Estrategia de vocabulario para

🎯 Palabras de varios significados

Claves del contexto Puedes encontrar una palabra que conoces, pero el significado no le corresponde. La palabra puede tener más de un significado. Por ejemplo, *banco* significa "lugar para guardar dinero". *Banco* también significa "mueble para sentarse". Usa las otras palabras que están cerca o las claves del contexto para determinar el significado relevante.

1. Intenta usar el significado que conoces. ¿Tiene sentido? Si no, puede tener más de un significado.

2. Continúa leyendo y mira las palabras que están cerca. ¿Puedes encontrar otro significado?

3. Ensaya el nuevo significado en una oración. ¿Tiene sentido?

Lee "La mudanza". Usa claves del contexto para hallar el significado de las palabras con múltiples significados.

Palabras para escribir Vuelve a leer "La mudanza". Escribe sobre lo que tiene que hacer familia para mudarse. Usa palabras de la lista de *Palabras para aprender*.

La mudanza

¿Alguna vez has tenido que mudarte a otra casa o ciudad? Ana es mi mejor amiga. Muy pronto se irá a vivir a otra ciudad.

Ana no está lista para la mudanza. No quiere despedirse de sus amigos porque le da mucha tristeza. Ana está en su cuarto tratando de empacar sus cosas. —Ana, por favor ve a la tienda de abarrotes —dice su mamá—. Compra pan y queso para hacer sándwiches para el viaje.

—Sí, mamá, voy corriendo —dice Ana. La tienda está cerca. Ella se peina y se pone un listón en su pelo enroscado en un moño. Su hermano Julio y su mamá permanecieron en la casa.

De pronto se oye el sonido tintineante del timbre y Ana corre a la puerta. ¡Es el camión de la mudanza!

Antes de salir para la tienda, Ana dice: —Mamá, ¡no te olvides de empacar el comal de abuelita!

¡Es tu turno!

¿Necesitas repasar? Para obtener ayuda adicional sobre el uso del contexto para determinar el significado relevante de palabras con múltiples significados, mira la sección *¡Palabras!*, en la página P.10.

¡Inténtalo! Lee *Pepita empaca* en las páginas 28 a 41.

Pepita empaca

por Ofelia Dumas Lachtman
ilustrado por Alex Pardo DeLange

 La **ficción realista** cuenta sucesos inventados que podrían ocurrir en la vida real. El siguiente cuento es sobre Pepita, una niña que tiene que mudarse de casa.

28

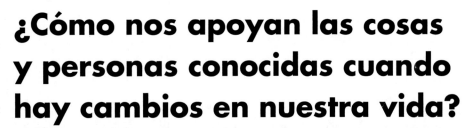

Pregunta de la semana

¿Cómo nos apoyan las cosas y personas conocidas cuando hay cambios en nuestra vida?

¡Pensemos en la lectura!

Pensemos...

¿Qué le gustaba a Pepita de su vecindario? **Ideas importantes**

A Pepita le gustaba la calle en que vivía.

Le gustaba que la tienda de abarrotes de la esquina del señor Hobbs estuviera al final de la cuadra. Le gustaba que la tortillería estuviera pegada a la tienda.

Le gustaba que en la mitad de la cuadra viviera tía Rosa con su tintineante piano, sus pájaros y Gordo, su gran gato.

Sobre todo le gustaba que su mejor amiga, Sonya, viviera en la casa de al lado.

Lo que a Pepita no le gustó hoy fue el gran camión amarillo de mudanza estacionado frente a su casa.

A Pepita no le gustaba mudarse de allí. Especialmente no le gustaba tener que despedirse de sus amigos.

—Pepita —la llamó mamá—, ¿ya están empacados tus juguetes?

—Aún no, mamá. ¿Puedo esperar un poquito?

—Pepita, Pepita —dijo mamá suspirando—. Está bien, pero antes de que termines de empacar, por favor, ve a la tienda de abarrotes por pan. De regreso, entrégale esta nota a tía Rosa.

Pensemos...

¿Por qué hay un camión amarillo frente a la casa de Pepita? ¿Por qué el camión es grande? **Predecir y establecer propósitos**

31

Pensemos...

El cuento es sobre una niña que se muda. ¿Qué sabes sobre mudanzas? ¿Alguna vez te has mudado de casa?
Conocimientos previos

La campanita de la puerta del señor Hobbs tintineó cuando Pepita la abrió.

—Bien, Pepita —le dijo el señor Hobbs—, ¿viniste a despedirte?

—No, señor Hobbs. Vine a comprar pan integral para sándwiches. No me voy a despedir. Jamás. "Adiós" no es una palabra agradable porque me hace llorar.

—Bien, entonces digamos "Nos veremos" —dijo el señor Hobbs.

—Supongo que nos veremos, señor Hobbs —dijo despacio.

Las dos señoras de la tortillería estaban ocupadas haciendo tortillas y cociéndolas en el comal. Cuando vieron a Pepita asomarse por la puerta abierta, le dijeron:
—Hola, Pepita. ¿Viniste a despedirte?
—No, señoras. Estoy aquí para oler el rico aroma de las tortillas. No me voy a despedir. Jamás. "Adiós" no es una palabra agradable porque me hace llorar.

Pensemos...

¿Por qué a Pepita no le gusta despedirse de sus vecinos?
Preguntar

Pensemos...

¿Está Pepita triste o contenta al despedirse de las dos señoras de la tortillería? **Ideas importantes**

—Bueno —dijo la primera señora—, es normal que los chicos lloren cuando se despiden.

—Pues bien —dijo la segunda señora—, digamos "Vaya con Dios".

—Vayan con Dios, señoras —dijo Pepita con una vocecita suave.

Tía Rosa estaba sentada con Gordo enroscado a sus pies. Cuando vio a Pepita, le dijo: —Pepita, ¿viniste a despedirte?

—No, tía Rosa. Estoy aquí para darle este recado de mi mamá. No me voy a despedir. Jamás. "Adiós" no es una palabra agradable porque me hace llorar.

—Ya veo —dijo tía Rosa—. Entonces digamos "Hasta mañana".

—Hasta mañana, tía Rosa —dijo Pepita—. Supongo que sí.

Cuando regresó a casa, mamá le dijo: —Sonya vino a verte. Quería despedirse.

—Ya sé —susurró Pepita y se dio la vuelta.

—Te puedes despedir de ella más tarde —dijo mamá—. Ahora quiero que termines de empacar tus juguetes.

Pensemos...

¿Por qué Pepita se está despidiendo de sus vecinos?
Preguntar

Pensemos...

¿Qué preparativos son necesarios cuando alguien se va a mudar? **Ideas importantes**

—Está bien —dijo Pepita, pero cuando llegó a su puerta se quedó quieta. Casi todo había desaparecido. Lo único que quedaba en medio del cuarto era una caja que decía: "Juguetes de Pepita". Dora, su muñeca de trapo, estaba apoyada pacientemente en la caja.

—¿Sabes qué, Dora? —le dijo—. Sentémonos. Si nunca empaco, tal vez no nos tengamos que marchar.

La brillante sonrisa bordada de Dora parecía crecer. Permanecieron sentadas.

Pepita escuchó los sonidos que venían del resto de la casa: los señores de la mudanza cargando cajas, mamá preparando sándwiches, su hermano Juan cargando sus cosas y su perro Lobo ladrando mientras entraba y salía de la casa. Entonces escuchó a papá.

—Pepita —llamó papá desde el otro lado de la puerta—, vengo por tu caja. —Abrió la puerta despacio—. ¿Qué pasa, Pepita? No has hecho nada y ya casi estamos listos para salir.

—¿Tengo que ir?

—Sí —dijo papá tranquilamente—, todos tenemos que ir. Pensé que te gustaba la casa nueva.

Pensemos...

¿Por qué se usan muchas cajas en una mudanza?
Preguntar

Pensemos...

¿Estarán cansados Pepita y su familia después que se hayan mudado?
Predecir y establecer propósitos

—Sí, sí me gusta —dijo Pepita—. Pero si nos vamos, tengo que despedirme, y no quiero decir adiós.

—¿Por qué? —preguntó papá.

—"Adiós" no es una palabra agradable porque me hace llorar.

—Ya veo —dijo papá—. Pero a veces es importante llorar cuando te despides.

—Tal vez es así —dijo Pepita, asintiendo con la cabeza—. Pero no para mí.

—Pepita —dijo papá—, no te puedes ir sin despedirte de tus amigos.

—Claro que sí, papá. El señor Hobbs y yo nos dijimos "Nos veremos". Las señoras que hacen tortillas y yo nos dijimos "Vaya con Dios". Tía Rosa y yo nos dijimos "Hasta mañana". ¿Ves que no tuve que llorar?

—Ya —dijo papá, asintiendo—. ¿Y qué se dijeron tú y Sonya?

—Nada —Pepita murmuró y se dio la vuelta.

—Bien, cuando termines de empacar, y antes de que nos marchemos, debes despedirte de Sonya.

Pensemos...

¿Qué detalles de la ilustración te dicen que se prepara una mudanza? ¿Por qué? **Verificar y aclarar**

Pensemos...

¿Por qué Pepita no se ha despedido de su mejor amiga Sonya?
Preguntar

Sonya estaba esperando en la cerca cuando Pepita y su familia cerraron la puerta de su casa por última vez.

—Adiós, Pepita —Sonya gritó y empezó a llorar.

Pepita corrió hacia ella. —Por favor, no llores. Te vas a mojar el vestido. Sonya, hoy aprendí que no tenemos que decir "Adiós". Podemos decir "Hasta luego".

Pero lágrimas empezaron a correr por las mejillas de Pepita. —Tengo que despedirme, Sonya. Hasta luego, te voy a extrañar.

Atravesaron la ciudad y papá
estacionó el auto en la casa nueva. A dos
casas, Pepita vio un anuncio que decía:
"Limonada, 25 centavos". Al bajar del
auto Pepita escuchó una voz amigable.

—Hola, ¿quieres una limonada? —dijo
una niña.

—Sí —Pepita respondió con Dora
colgando de su mano—. Hola, me llamo
Pepita, ¿cómo te llamas?

Pensemos...

¿Qué sucede en
este cuento? ¿Por
qué Pepita no
dice "Adiós" al
despedirse de sus
vecinos? **Resumir**

41

¡Imagínalo! | Volver a contar

CALLE DE LA LECTURA EN LÍNEA
ORDENACUENTOS
www.CalledelaLectura.com

Piensa críticamente

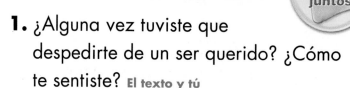

Leamos juntos

1. ¿Alguna vez tuviste que despedirte de un ser querido? ¿Cómo te sentiste? El texto y tú

2. ¿Por qué crees que la autora escribió este cuento? ¿Qué quiso enseñarnos? Propósito del autor

3. ¿Cómo se siente Pepita al final del cuento? Explica tu respuesta.
Sacar conclusiones/Inferir

4. Pepita demora en empacar porque no quiere mudarse. ¿Alguna vez no quisiste hacer algo que sabías que tenías que hacer? ¿Cómo te sentiste? ¿Qué sucedió? Conocimientos previos

5. Mira de nuevo y escribe Vuelve a leer la página 31. ¿Por qué le gusta a Pepita su vecindario?

PRÁCTICA PARA EL EXAMEN | Respuesta desarrollada

Ofelia Dumas

Ofelia Dumas nació en Los Ángeles, California, pero sus padres eran de México. De niña aprendió inglés y español al mismo tiempo. Cuando sólo tenía 12 años, publicaron un poema suyo en un libro de poesía infantil. Ofelia Dumas es escritora de cuentos para niños, adolescentes y adultos.

Alex Pardo DeLange

Alex Pardo DeLange nació en Caracas, Venezuela. Estudió en Argentina, y también en los Estados Unidos, donde se graduó en el programa de Bellas Artes de la Universidad de Miami. Para ilustrar sus cuentos, la artista se basa en la cultura hispana de este país.

Lee otros libros sobre mudarse a un nuevo lugar.

Aquilino pinta una nube y un camaleón

AQUILINO PINTA UNA NUBE Y UN CAMALEÓN

Paco, Paco, ¿adónde vas?

Registro de lecturas

Usa el Registro de lecturas del *Cuaderno de lectores y escritores*, para anotar tus lecturas independientes.

Objetivos

• Escribir cartas breves donde pongas tus ideas en orden. • Escribir para tratar de convencer al lector de tomar parte en una cuestión que es importante para ti. • Comprender y utilizar adjetivos y artículos al leer, escribir y hablar.

Leamos juntos

¡Escribamos!

Aspectos principales de una carta amistosa

- tiene fecha, saludo, cuerpo, despedida y firma
- el cuerpo de la carta expresa el mensaje

CALLE DE LA LECTURA EN LÍNEA
GramatiRitmos
www.CalledelaLectura.com

Escritura persuasiva

Carta amistosa

Una carta amistosa puede expresar ideas que quieres escribir. Algunas cartas amistosas tratan de persuadir. El modelo del estudiante es un ejemplo de carta amistosa.

Instrucciones Piensa en algunos lugares interesantes en tu ciudad. Escríbele una carta amistosa a Pepita. Persuádela de que visite el lugar que más te gusta.

Lista del escritor

Recuerda que debes...

☑ comenzar tu carta con la fecha y un saludo.

☑ dar razones para apoyar tu idea principal.

☑ organizar las razones para persuadir al lector.

☑ describir usando adjetivos.

2 de marzo de 2011

Querida Pepita:

¿Quieres ir a un lugar divertido? Ven al parque de mi vecindario.

Allí los árboles son muy **altos**. Se puede escuchar el **suave** canto de los pájaros. Hay un lago de agua **dulce** y limpia.

También mucho lugar para correr y jugar a la pelota. Y puedes traer a tu perrito. ¡Será muy divertido!

Hasta pronto,

Julia

Género:
Esta **carta amistosa** tiene fecha, saludo, cuerpo, despedida y firma.

Los **adjetivos** pueden decir qué aspecto tiene algo, cómo es el sonido que hace o qué se siente al tocarlo.

Característica de la escritura: Organización: El escritor da una razón tras otra.

Normas

Los adjetivos y nuestros sentidos

Recuerda Los **adjetivos** describen a las personas, los lugares y las cosas. Pueden decir qué aspecto tienen las cosas, cómo es el sonido que hacen, qué gusto tienen, qué sienten al tocarlas y qué olor tienen.

Objetivos

• Describir los personajes principales en los cuentos, y el por qué se sienten y actúan de la manera como lo hacen. • Conectar lo que lees con tus propias experiencias, con otros textos y con la comunidad que tienes alrededor.

Estudios Sociales en Lectura

Género
Cuento folclórico

● Un cuento folclórico cuenta sobre eventos increíbles como si pasaran en la vida real.

● Un cuento folclórico es un cuento que exagera.

● Un cuento folclórico tiene personajes haciendo cosas imposibles.

● Lee "La flor de lililá". Busca los aspectos que lo hacen un cuento folclórico.

La flor de lililá

Éste era un rey que tenía tres hijos. Vivían todos felices en un castillo, pero un día el rey se puso muy enfermo y se quedó ciego. Los médicos dijeron que sólo una cosa lo podría curar: una flor extraña y difícil de encontrar, llamada flor de lililá.

Pero en el castillo nadie sabía dónde estaba la flor. El rey les pidió a sus tres hijos que salieran a buscarla. Aquel que la encontrara sería el nuevo rey.

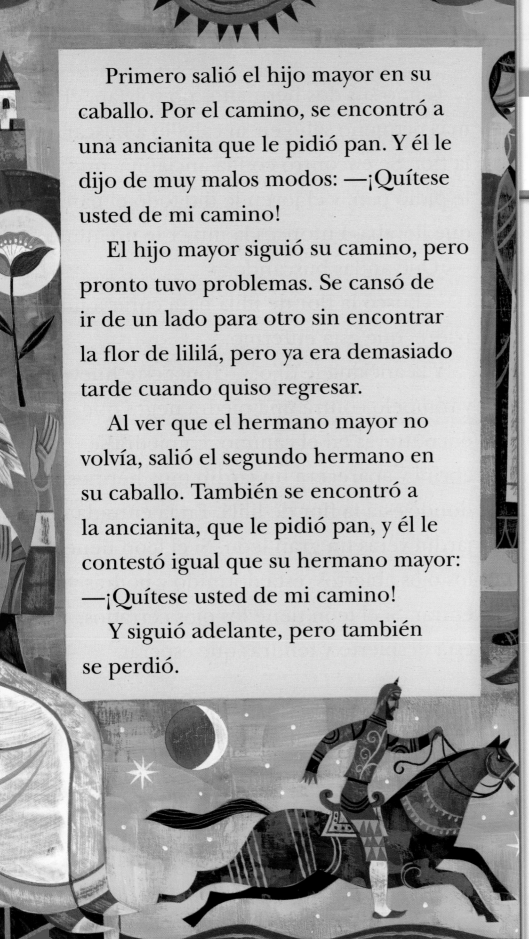

Primero salió el hijo mayor en su caballo. Por el camino, se encontró a una ancianita que le pidió pan. Y él le dijo de muy malos modos: —¡Quítese usted de mi camino!

El hijo mayor siguió su camino, pero pronto tuvo problemas. Se cansó de ir de un lado para otro sin encontrar la flor de lililá, pero ya era demasiado tarde cuando quiso regresar.

Al ver que el hermano mayor no volvía, salió el segundo hermano en su caballo. También se encontró a la ancianita, que le pidió pan, y él le contestó igual que su hermano mayor: —¡Quítese usted de mi camino!

Y siguió adelante, pero también se perdió.

Pensemos...

¿Qué es la meta, u objetivo, de los tres hermanos? **Cuento folclórico**

Como sus dos hermanos no volvían, el más pequeño salió en su caballo a buscar la flor. Se encontró con la ancianita, que le pidió pan, y el joven le dio todo el pan que llevaba. Entonces la mujer le preguntó:

—¿Qué andas buscando?

—Busco la flor de lililá para curar a mi padre, que está enfermo.

Y la anciana le dijo: —Toma este huevo y rómpelo contra una piedra negra que encontrarás en el camino. La piedra se abrirá y aparecerá un jardín muy hermoso donde está la flor de lililá. En la entrada del jardín verás un gran león. Si el león tiene los ojos abiertos, está dormido y podrás entrar. Si el león tiene los ojos cerrados, está despierto y tendrás que esperar.

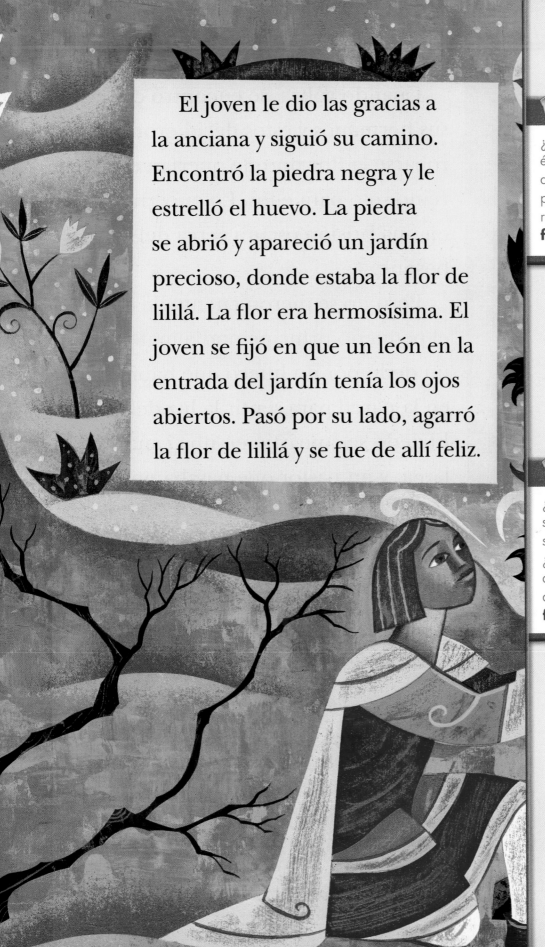

El joven le dio las gracias a la anciana y siguió su camino. Encontró la piedra negra y le estrelló el huevo. La piedra se abrió y apareció un jardín precioso, donde estaba la flor de lililá. La flor era hermosísima. El joven se fijó en que un león en la entrada del jardín tenía los ojos abiertos. Pasó por su lado, agarró la flor de lililá y se fue de allí feliz.

Pensemos...

¿Cómo sabes que éste es un cuento que no se puede pasar en la vida real? **Cuento folclórico**

Pensemos...

¿Consiguió el joven su meta? ¿Cómo se siente ahora? ¿Qué piensas que vaya a hacer ahora? **Cuento folclórico**

Cuando volvía, se encontró con sus hermanos y estos decidieron robarse la flor porque querían el reino sólo para ellos. Lo encerraron en una prisión oscura cerca del bosque.

Pero no se dieron cuenta de que el pequeño príncipe podía meter un dedo por un hueco que había en la pared para sentir la luz del sol. El dedo se convirtió en una caña larga, y un pastor que pasaba por allí aprovechó la caña para hacerse una flauta maravillosa. Al tocarla sonó esta canción:

Pastorcito, no me toques
ni me dejes de tocar,
que mis hermanos me encerraron
por la flor de lililá.

Pensemos...

¿Qué sucede en esta parte del cuento que no podría suceder de verdad? **Cuento folclórico**

El pastor llegó al pueblo tocando su flauta y cuando el rey escuchó la canción, llamó al pastorcillo. Le pidió la flauta para tocarla y esta vez sonó una canción que decía:

Padre mío, no me toques

porque tendré que declarar

que me encerraron mis hermanos

por la flor de lililá.

El rey entendió lo que había pasado y fue a liberar a su hijo. Lo abrazó y le regaló su corona. A los dos mayores los mandó muy lejos, a un lugar apartado donde no había ni personas ni castillos.

Y aquí se acaba este cuento. Como me lo contaron te lo cuento.

Pensemos...

Relacionar lecturas A Pepita y al hermano pequeño en "La flor de lililá" les ayudan otras personas. Piensa en una vez en que alguien te ayudó en una situación difícil.

Escribir variedad de textos En un párrafo breve cuenta sobre una vez en que alguien te ayudó en una situación difícil.

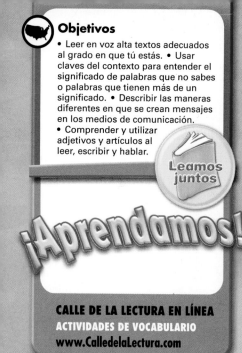

Objetivos

• Leer en voz alta textos adecuados al grado en que tú estás. • Usar claves del contexto para entender el significado de palabras que no sabes o palabras que tienen más de un significado. • Describir las maneras diferentes en que se crean mensajes en los medios de comunicación. • Comprender y utilizar adjetivos y artículos al leer, escribir y hablar.

Leamos juntos

¡Aprendamos!

CALLE DE LA LECTURA EN LÍNEA
ACTIVIDADES DE VOCABULARIO
www.CalledelaLectura.com

Vocabulario

Palabras de varios significados

Claves del contexto Recuerda que las claves del contexto pueden ayudarte a entender el significado relevante de una palabra de varios significados.

¡Practícalo! Lee y escribe cada oración. Determina el significado de cada palabra en negritas, y escríbelo.

1. El tallo de esta **hoja** es diferente a los demás.

2. En esta **planta** hacen llantas para bicicleta.

Fluidez

Leer con precisión y ritmo apropiado Lee con precisión. Asegúrate de leer todas las palabras. No omitas o agregues palabras. No te apresures al leer. Lee las oraciones como si estuvieras hablando.

¡Practícalo!

1. Las tortugas son reptiles que tiene un caparazón duro.

2. Algunas tortugas pueden vivir en tierra o en agua.

3. Un galápago es una tortuga que solamente vive en tierra.

Lectura y medios de comunicación

Prepárate para el tercer grado

Describe cómo los medios de comunicación usan sonidos e ilustraciones en los mensajes.

Describir técnicas de los medios de comunicación

Los medios de comunicación usan ilustraciones, palabras, sonidos y movimiento para presentar mensajes. Algunas veces los mensajes incluyen hechos y opiniones. Observa los medio de comunicación con cuidado. Un mensaje podría ser engañoso. Por ejemplo, un anuncio de pasta de dientes puede decir que tu sonrisa relucirá cuando uses una marca específica. Es posible que así sea pero tu sonrisa será reluciente al usar cualquier pasta de dientes. El anuncio es engañoso.

¡Practícalo! Trabaja en grupos. Busca algunos anuncios en la Internet, en periódicos o en revistas. Muestra los anuncios a la clase. Usa adjetivos para describir los sonidos y las ilustraciones que se usaron en los anuncios. Identifica hechos y opiniones. Explica si parte de la información es engañosa. Habla claramente, a un ritmo apropiado, utilizando las normas del lenguaje. Sigue las reglas para comentar en clase incluyendo: escuchar a otros, hablar cuando le toque el turno y hacer contribuciones apropiadas.

Objetivos

• Escuchar con atención a los hablantes y hacer preguntas que te ayuden a entender mejor el tema. • Comentar información e ideas sobre el tema. Hablar con claridad y a un ritmo adecuado.

Vocabulario Oral

Hablemos sobre

Cómo cambian las plantas

- Comenta la información sobre el ciclo del crecimiento de las plantas.

- Comenta tus ideas sobre lo que se necesita para que cambien las plantas.

CALLE DE LA LECTURA EN LÍNEA
VIDEO DE HABLAR DEL CONCEPTO
www.CalledelaLectura.com

54

¡Imagínalo! | Sonidos para aprender

nadadora

-dor/-dora

verdoso

-oso/-osa

Fonética

Sufijos *-oso, -osa, -dor, -dora*

Sonidos y sílabas que puedo combinar

espum**oso**

lava**dora**

graci**osa**

reparti**dor**

sabr**oso**

Oraciones que puedo leer

1. Betty es una niña muy graciosa.

2. Mi abuela hace un chocolate espumoso muy sabroso.

3. El repartidor trajo la lavadora a mi casa.

¡Ya puedo leer!

Mi familia es especial. Mi mamá es muy amorosa y bondadosa. Mi papá también es muy cariñoso con todos nosotros. Mi hermana Silvia es bien chistosa y talentosa porque toca el piano. Juan, mi hermano mayor, es muy trabajador y a veces me lleva a pasear en su carro. Irma es la mejor corredora de su escuela. Danielito, el bebé, es muy curioso y mamá le llama pequeño explorador. Es muy mimoso y siempre nos da muchos besitos y abrazos. Nuestra casa no es lujosa pero es muy acogedora. ¡Me encanta mi familia!

Has aprendido

Sufijos -oso, -osa, -dor, -dora

Destreza

Estrategia

Destrezas de comprensión

Secuencia

• La secuencia es el orden en que ocurren los sucesos en un cuento o artículo.

• Palabras claves tales como primero y luego te ayudan a identificar la secuencia de sucesos.

• Usa lo que has aprendido sobre la secuencia y completa este ordenador gráfico para describir el orden de los sucesos en "El ciclo de la vida de un roble".

Primero	Después	Por último

Estrategia de comprensión

Ideas importantes

Es difícil recordar todos los detalles de un cuento. Por eso el buen lector siempre busca las ideas importantes. Son las que deseas recordar acerca de un cuento. Puedes hallar las ideas importantes en el texto de un cuento. A veces están en las palabras en negrita o en la leyenda de una ilustración. Las ideas importantes pueden encontrarse incluso en los títulos. Localizar hechos y detalles en el texto ayuda a identificar y apoyar las ideas.

El ciclo de vida de un roble

Incluso el roble más grande comienza como una pequeña bellota. Dentro de la bellota hay una semilla. Para crecer, la semilla necesita suelo, agua y la temperatura apropiada.

En poco tiempo, la vaina de la semilla se rompe. Crecen las raíces hacia el suelo en busca de agua y alimento. Un brote asoma de la tierra buscando la luz del sol. El brote crece y se convierte en una plántula. La plántula necesita mucho alimento, agua y luz solar. El clima, los animales y las enfermedades pueden dañar a la joven plántula. Si el arbolito vive, crece un poco más.

Luego, el arbolito se convertirá en un árbol joven. Cuando la gente compra árboles para plantar, en realidad llevan árboles jóvenes. Ahora el árbol crece rápidamente. Tiene más ramas. Las raíces se expanden. Pronto será un árbol grande. Un árbol maduro puede crecer toda su vida. ¡Algunos robles crecen más de 25 pies y viven por más de 200 años!

Estrategia
¿Cuál crees que es la idea más importante en este párrafo?

Destreza
Observa la palabra clave *luego.* ¿Qué indica esa palabra acerca del ciclo de vida del árbol?

¡Es tu turno!

 ¿Necesitas repasar? Mira el *¡Imagínalo!: Cuaderno de práctica* para obtener ayuda adicional con la secuencia e ideas importantes.

¡Inténtalo! Mientras lees *El ciclo de vida de una calabaza,* usa lo que has aprendido sobre la secuencia.

¡Imagínalo! | Palabras para aprender

rugosas

cosecha

enredadera

fruta
lisas
raíz
suelo

Estrategia de vocabulario para

Antónimos

Claves del contexto Los antónimos son palabras que tienen significado opuesto. Por ejemplo, lo opuesto de *venir* es *ir*. Cuando no sabes el significado de una palabra, trata de ver las claves del contexto. El autor puede haber usado un antónimo. Te puede ayudar a entender el significado de una palabra desconocida.

1. Si no sabes el significado de una palabra en la oración, mira las palabras a su alrededor. La palabra puede tener un antónimo.

2. La palabra "no" puede señalar un antónimo.

3. Usa el antónimo como ayuda para entender el significado de la palabra opuesta.

Mientras lees "Buenas uvas", identifica los antónimos. Usa estas palabras para entender el significado de cada término.

Palabras para escribir Vuelve a leer "Buenas uvas". ¿Cuál es tu fruta favorita? Descríbela. Usa palabras de la lista de *Palabras para aprender*.

Buenas uvas

Las uvas son un tipo de fruta. Son pequeñas y redondas. Crecen en una enredadera llamada parra. Las uvas vienen en diferentes colores, como verde, rojo, blanco, negro y azul.

Los granjeros de uvas usualmente empiezan con enredaderas viejas, no con nuevas. Cortan y guardan partes de las enredaderas viejas. Luego plantan las partes en el suelo. Las enredaderas dan una raíz que se entierra en el suelo. Los granjeros cuelgan estas enredaderas entre postes. Las enredaderas se agarran en los postes y crecen a través de los alambres. Las enredaderas usan largos y delgados brotes, llamados zarcillos para sostenerse al crecer. Algunas frutas crecen muy rápidamente. Las parras trabajan mucho más lentamente. Las parras no dan uvas por muchos años. Pero una vez que empiezan a dar uvas, las pueden dar todos los años, ¡hasta por 100 años!

La cosecha de uvas ocurre en el verano u otoño. Los granjeros cortan las uvas de las enredaderas. Las uvas para comer las ponen en cajas y las envían al mercado. Algunas las esparcen en papel y las dejan secarse en el sol. Pronto ya no son lisas, se han vuelto pequeñas y rugosas pasas.

¡Es tu turno!

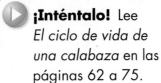 **¿Necesitas repasar?** Para obtener ayuda adicional sobre los antónimos, mira la sección *¡Palabras!*, en la página P.2.

¡Inténtalo! Lee *El ciclo de vida de una calabaza* en las páginas 62 a 75.

El ciclo de vida de una calabaza

por Ron Fridell y Patricia Walsh

Género

El **texto expositivo** presenta hechos acerca de un tema. Busca hechos sobre cómo crece una calabaza.

¿Cómo cambian las plantas con el tiempo?

¿Qué es una calabaza?

La calabaza es un fruto. Crece
en una planta trepadora al igual que otros tipos de
calabacera. Las calabazas pueden ser rugosas o lisas,
grandes o pequeñas, largas o redondas. Pueden ser
anaranjadas, blancas, amarillas o rojas.

Cada año hay una nueva cosecha de calabazas.
Su cáscara dura tiene profundas líneas que van de
arriba abajo.

Semilla   1 semana   2 semanas   10 semanas

La semilla

Las calabazas empiezan como semillas. Las semillas son blancas y tienen forma ovalada. Hay una plantita pequeña dentro de cada semilla.

La semilla se siembra en tierra tibia y húmeda. En más o menos diez días, crece una raíz y se entierra en el suelo. La raíz absorbe agua y alimento para la planta. Pequeñas hojitas salen hacia la luz del sol.

11 semanas

14 semanas

16 semanas

Una nueva planta

Las primeras hojas salen del suelo. Son dos hojitas lisas de la semilla. Éstas usan la luz del sol y el aire para fabricar alimento para la nueva planta.

Después aparecen las hojas verdaderas. Son dentadas y espinosas. La tarea de las hojitas de la semilla está cumplida. Después, se marchitan y caen.

Semilla

1 semana

2 semanas

10 semanas

La **enredadera**

A la planta de calabaza le salen más hojas.
La planta crece rápidamente y pronto se
convierte en una enredadera. La enredadera se
retuerce y se arrastra por la tierra.

A la enredadera le salen finos zarcillos, los
cuales se agarran y se enrollan alrededor de
otras enredaderas. Se tuercen alrededor de las
vallas. Los zarcillos sostienen la enredadera
mientras crece cada vez más.

11 semanas

14 semanas

16 semanas

La flor

La enredadera de calabaza da muchas flores amarillas. Algunas de ellas son flores hembra. Las flores hembra están sobre unas pelotitas verdes y vellosas.

Otras flores son flores macho. Están al final de los tallos largos y tienen un polvo amarillo dentro de la flor. El polvo amarillo es el polen. Se necesita una flor macho y una flor hembra para hacer una calabaza.

Semilla

1 semana

2 semanas

10 semanas

La polinización

También se necesitan las abejas para hacer calabazas. Las abejas llevan el polen de las flores macho a las flores hembra. Cuando una abeja visita las flores macho, el polen se le pega al cuerpo y a las patas de la abeja.

La abeja deja el polen en las flores al entrar y salir de ellas. Cuando el polen llega a una flor hembra, la pelotita verde y vellosa al extremo de la flor comienza a crecer en una calabaza.

11 semanas

14 semanas

16 semanas

Crecimiento y maduración

Durante todo el verano, las enredaderas, los zarcillos y las hojas de la planta crecen y se enredan. Bajo las grandes hojas hay pequeñas calabazas.

Las hojas son como paraguas grandes. Protegen a las calabazas del sol caliente. También impiden que se seque la tierra que rodea las calabazas.

Semilla

1 semana

2 semanas

10 semanas

Los problemas de las calabazas

Para cultivar calabazas se necesita la cantidad correcta de agua y sol. Demasiada lluvia pudre las calabazas. Demasiado sol marchita las enredaderas.

Los escarabajos del pepino y los piojos de la calabaza también pueden dañar las calabazas. Los granjeros rocían la planta con insecticidas o cubren las enredaderas con redes para proteger a las calabazas mientras crecen.

11 semanas

14 semanas

16 semanas

La cosecha

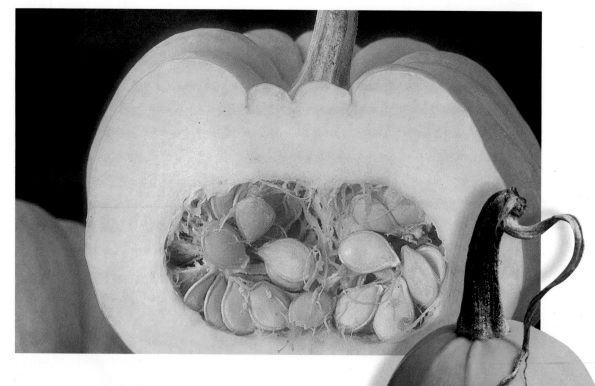

Las calabazas crecen cada vez más. En su interior, las calabazas forman semillas y pulpa. Por fuera, las calabazas cambian de verde a anaranjado.

Después las enredaderas se vuelven cafés. Ha llegado el tiempo de la cosecha. El granjero corta el grueso tallo de la calabaza.

Semilla

1 semana

2 semanas

10 semanas

Después de la cosecha

Hace cuatro meses sólo había semillas. Ahora el granjero ha cosechado una carreta llena de redondas calabazas anaranjadas. Se venderán en puestos y mercados.

Las calabazas se cocinan; la pulpa se usa para hacer tartas, galletas, sopa y pan de calabaza. Algunas calabazas también se han convertido en alimento para los animales de la granja.

11 semanas

14 semanas

16 semanas

Festivales

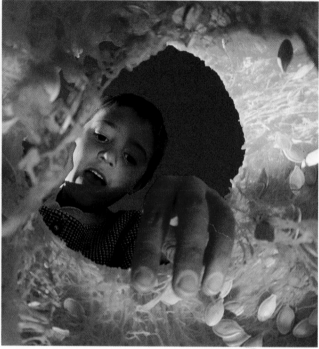

En algunos pueblos se hace un festival de la calabaza para celebrar la cosecha de otoño. A veces hay un concurso para decidir quién cultivó la calabaza más grande.

Dentro de la calabaza hay muchas semillas. Algunas semillas se tuestan para comerlas como bocadillo. Otras semillas se guardan para sembrarlas en primavera. Éstas serán las calabazas del próximo año.

Semilla

1 semana

2 semanas

10 semanas

El cultivo del próximo año

   Después de recoger y de vender las calabazas, el granjero ara el terreno. Las enredaderas viejas y las calabazas que no se recogieron se mezclan con la tierra. El terreno está listo para volver a sembrar semillas en la próxima primavera.

11 semanas

14 semanas

16 semanas

Objetivos
• Hacer preguntas, aclarar lo que no entiendas, localizar hechos y detalles de los cuentos que lees, y apoyar tus respuestas con evidencia. • Decir el orden en que pasan los sucesos o las ideas de un texto.

¡Imagínalo! | **Volver a contar**

Piensa críticamente

1. ¿Cómo han usado tú y tu familia una calabaza? **El texto y tú**

2. ¿Qué crees que los autores quieren que los lectores sepan sobre las calabazas? **Pensar como un autor**

3. ¿Qué obtiene primero una planta de calabaza, raíces o flores? **Secuencia**

4. Mira el primer párrafo de la página 64. ¿Cuál de las oraciones da la idea más importante del párrafo?

Ideas importantes

5. Mira de nuevo y escribe Mira de nuevo la página 69. ¿Cómo ayudan las abejas a las plantas de calabaza? Da evidencia que apoye tu respuesta.

PRÁCTICA PARA EL EXAMEN | Respuesta desarrollada

Ron Fridell y Patricia Walsh

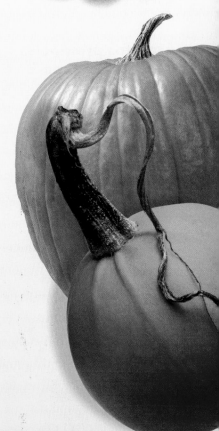

Ron Fridell y Patricia Walsh están casados y son escritores. Generalmente cada uno escribe sus propios libros, pero escribieron juntos *El ciclo de vida de una calabaza*.

Ron Fridell y Patricia Walsh investigan mucho. Usan la biblioteca y la Internet, pero les gusta conocer las cosas personalmente. Cuando investigaban para este libro, fueron a Illinois a un festival de calabazas.

A Ron y a Patricia les encanta viajar. "Viajamos para experimentar aventuras y la emoción de conocer lugares nuevos. Pero también viajamos para investigar y obtener ideas para nuestros libros".

Lee otros libros sobre otras cosas que cambian.

Haz un Herbario de hojas

Jacinto La historia de la vida

Usa el Registro de lecturas del *Cuaderno de lectores y escritores*, para anotar tus lecturas independientes.

Objetivos

• Escribir composiciones breves acerca de temas que te gusten. • Comprender y utilizar adjetivos y artículos al leer, escribir y hablar.

Leamos juntos

¡Escribamos!

Aspectos principales de un texto expositivo

- explica un objeto o una idea
- usa hechos y detalles
- a veces usa organizadores gráficos, como mapas y diagramas

CALLE DE LA LECTURA EN LÍNEA
GramatiRitmos
www.CalledelaLectura.com

Texto expositivo

El texto expositivo cuenta hechos sobre un tema. El modelo del estudiante, en la página siguiente, es un ejemplo de texto expositivo.

Instrucciones Piensa en algo de la naturaleza que cambia durante un año. Escribe un texto para explicar cómo cambia de estación en estación.

Lista del escritor

Recuerda que debes...

☑ usar hechos y detalles.

☑ elegir palabras que hacen que quede claro lo que escribes.

☑ usar los adjetivos calificativos y los artículos correctamente.

Los robles

Los **altos** robles nacen de **una** **pequeña** bellota **redonda**. Ellos crecen hacia el cielo, llenos de hojas.

En el otoño, las hojas se vuelven de muchos colores. Luego caen.

Durante el invierno, los grandes árboles no tienen hojas. En la primavera, crecen nuevamente hermosas hojas verdes.

Los **adjetivos** dicen la cantidad, el tamaño y la forma.

Característica de la escritura: Lenguaje: El escritor usa palabras que hacen claras sus ideas."

Género: Un **texto expositivo** usa hechos y detalles.

Normas

Adjetivos para cantidad, tamaño y forma

Recuerda Los **adjetivos** (como *dos, enorme* y *redondo*) dicen la cantidad, el tamaño y la forma de las cosas. Las palabras **un, una, unos, unas, el, la, los** y **las** son adjetivos llamados **artículos**.

Género
Poesía

- La poesía tiene a menudo palabras que riman. Esas palabras terminan con el mismo sonido.

- El ritmo es otro aspecto importante de la poesía. El ritmo muestra los patrones de énfasis.

- Puede ser que una poesía tenga oraciones completas con puntuación. Pero hay mucha poesía también sin oraciones completas.

- La poesía usa palabras descriptivas para crear imágenes en tu mente.

- Lee "Jitomates risueños". Busca los aspectos que lo hacen un poema.

Jitomates risueños

por Francisco X. Alarcón

en el jardín
plantamos
jitomates

los vegetales
más felices
de todos

alegres
se redondean
de sabor

risueños
se ponen
colorados

convirtiendo
sus arbustos
alambrados

en árboles
de Navidad
en primavera

Pensemos...

¿Qué crece en este jardín? ¿Qué palabras usa el poeta para describir los jitomates? **Poesía**

Pensemos...

Relacionar lecturas Ambas selecciones tratan sobre jardines y verduras. ¿Qué aprendiste acerca de los jardines en las selecciones?

Escribir variedad de textos Escoge una verdura. Escribe una lista de palabras que describen esta verdura. ¿De qué color es una calabaza, por ejemplo? ¿Y de qué forma es? Si quieres, puedes usar esta lista para crear un poema acerca de la verdura que escogiste.

Leamos juntos

¡Aprendamos!

CALLE DE LA LECTURA EN LÍNEA
ACTIVIDADES DE VOCABULARIO
www.CalledelaLectura.com

Escucha los anuncios con atención

Escuchar y hablar

Hacer un anuncio

Haces anuncios para comentar información importante. Habla claramente cuando hagas un anuncio. Habla lo suficientemente fuerte y a un ritmo apropiado para que todas las personas te escuchen. Escucha con atención a las demás personas.

¡Practícalo! Haz un anuncio. Dile a la clase a qué hora empiezan las clases. Comenta con la clase lo que haces antes de que venir a la escuela. Espera tu turno. Escucha con atención los demás anuncios.

Sugerencias

• Usa verbos en tiempo futuro en tu anuncio.

• Usa adjetivos calificativos tal como maravilloso, artículos como un, una, el, la y adverbios de tiempo como antes y luego, en tu anuncio.

Vocabulario

Antónimos

Claves del contexto Si no entiendes una palabra cuando lees, busca calves del contexto. Es posible que haya un antónimo que pueda ayudarte a averiguar el significado de la palabra.

¡Practícalo! **Leer con precisión** Lee cada par de oraciones. Identifica los antónimos usando claves del contexto. Luego, escribe tus propias oraciones usando antónimos.

1. Los problemas de matemáticas son sencillos. La tarea no fue complicada.

2. Mi hermano atrapó un pescado enorme. Yo solamente atrapé un pescado pequeño.

Fluidez

Leer con precisión Cuando lees, di la palabra que ves. No uses otra palabra en lugar de esa. Por ejemplo, si ves la palabra **perrito,** no leas **perro**.

¡Practícalo! Lee las oraciones en voz alta.

1. Karla no podía decidirse entre las manzanas o las uvas.

2. La planta tiene largos tallos verdes y rosas rojas.

3. Para crecer, las plantas verdes necesitan sol y agua.

Objetivos

• Escuchar con atención a los hablantes y hacer preguntas que te ayuden a entender mejor el tema. • Comentar información e ideas sobre el tema. Hablar con claridad y a un ritmo adecuado.

Vocabulario Oral

Hablemos sobre

Cambios bajo la tierra

- Comenta la información sobre los diferentes tipos de tierra.

- Comenta tus ideas sobre cómo las plantas, los animals, la gente y la tierra se afectan el uno al otro.

CALLE DE LA LECTURA EN LÍNEA
VIDEO DE LA PREGUNTA PRINCIPAL
www.CalledelaLectura.com

84

Objetivos

- Usar lo que sabes sobre raíces de palabras para identificar y leer palabras compuestas comunes.

Fonética

 Palabras compuestas

Sonidos y sílabas que puedo combinar

rompecabezas

salvavidas

rascacielos

mediodía

pasatiempo

Oraciones que puedo leer

1. A los edificios muy altos se les llama rascacielos.

2. Mi pasatiempo favorito son los rompecabezas.

3. El salvavidas patrulla la playa al mediodía.

¡Ya puedo leer!

–¡Bienvenidos! –dijo el guía. Mi clase había ido de paseo al jardín botánico para estudiar plantas. ¡En el campo había más de cuatrocientos girasoles gigantes! Yo creo que esas enormes flores parecen rascacielos para los insectos. Pude observar un picaflor buscando néctar de las flores. También encontré una telaraña con varios insectos atrapados. En el pasto había saltamontes que se escondían en la hierba.

Al mediodía, el autobús nos llevó a un parque a almorzar. Luego, la maestra nos dejó jugar. Algunos jugamos baloncesto y otros hicieron rompecabezas. ¡Me gustó el paseo!

Has aprendido

- Palabras compuestas

¡Imagínalo!

Destreza

Estrategia

Destrezas de comprensión

Hechos y opiniones

• Un hecho puede comprobarse como verdadero o falso. Puedes comprobar un hecho leyendo un libro o preguntándole a alguien que sepa.

• Una opinión expresa los sentimientos o ideas de alguien. Palabras claves como *mejor* o *debería*, a menudo muestran opiniones.

• Usa lo que has aprendido sobre como encontrar hechos y opiniones en un texto y usa el organizador gráfico mientras lees "Good to Grow".

Hecho	Opinión

Estrategia de comprensión

Preguntar

El buen lector se hace reguntas a sí mismo mientras lee. Hacer preguntas literales o importantes sobre el texto te puede ayudar a entender lo que lees. A medida que lees, pregúntate si la oración es un hecho o una opinión. Pregúntate, ¿puede comprobarse que esta información es verdadera o falsa si se verifica?

Bueno para **cultivar**

¿Alguna vez te has preguntado de dónde viene la tierra? La tierra o suelo, comienza en forma de roca. Con el paso de muchísimos años, las rocas se rompen formando piedras más pequeñas. Estas piedras se convierten en parte del suelo. Si pudieras cavar hasta el lecho rocoso, excavarías a través de todas las capas que se muestran en el diagrama. El diagrama es la mejor manera de mostrar las capas del suelo.

Estrategia Aquí el autor enuncia una opinión. La palabra *mejor* es una palabra clave.

En lugares como Central Valley, California, un volcán formó la capa de lecho rocoso hace largo tiempo atrás. El suelo volcánico contiene muchos nutrientes. Los nutrientes son los elementos que las plantas necesitan para vivir y crecer. En un lugar de tierra volcánica, es probable que veas numerosas granjas. De hecho, en las granjas de Central Valley se cultiva gran parte del alimento de nuestro país.

Estrategia Éste es un buen lugar para hacer una pregunta: ¿Por qué las granjas de Central Valley son un buen lugar para cultivar alimentos?

¡Es tu turno!

 ¿Necesitas repasar? Mira el *¡Imagínalo: Cuaderno de práctica* para obtener más información sobre hechos y opiniones y preguntar.

¡Inténtalo! Mientras lees *El suelo*, usa lo que has aprendido sobre hechos y opiniones y preguntar para comprender el texto.

Objetivos

• Usar prefijos y sufijos para descifrar el significado de las palabras.

puñado

minerales

partículas

arcilla
bacteria
humus
limo
túneles

Estrategia de vocabulario para

🎯 Sufijo *-ito/-ita*

Estructura de las palabras Cuando lees, es posible que veas una palabra que no conoces. Mira si hay un sufijo. ¿Tiene la palabra el sufijo *-ito* o *-ita* al final? Cuando se agrega el sufijo *-ito* o *-ita* a una palabra, el significado de la palabra cambia a "pequeño _____" o "pequeña _____". Por ejemplo, *mesita* significa "pequeña mesa". Puedes usar el sufijo para inferir el significado de la palabra.

1. Pon tu dedo sobre el sufijo *-ito* o *-ita*.

2. Mira la raíz de la palabra. Pon la raíz de la palabra en la frase "pequeño _____" o "pequeña _____".

3. Ensaya ese significado en la oración. ¿Tiene sentido?

Lee "Trabajamos con el suelo". Busca palabras que terminen en *-ito* o *-ita*. Usa el sufijo para ayudarte a entender el significado de las palabras.

Palabras para escribir Vuelve a leer "Trabajamos con el suelo". ¿Aprendiste algo nuevo sobre el suelo? Escribe sobre lo que aprendiste. Usa palabras de la lista de *Palabras para aprender*.

Trabajamos con el suelo

Cuando era pequeño, me gustaba hacer tortas de barro. Las hacía con un puñado de suelo o tierra y agua en una cubeta. La textura tenía que ser perfecta para que saliera bien. Luego formaba tortitas o pastelitos con las manos. A veces ponía granos de arena encima de la tortita. La arena se parecía al azúcar. A veces le ponía pétalos de flores a la torta para que se viera linda. Cuando le mostré mi torta a mi mamá, ella pretendió comérsela. Sacaba todo el barro hasta que solo quedaran pocas partículas de tierra en la cubeta. Luego empezaba de nuevo. A veces construía edificios con túneles.

Aunque ya soy mayor sigo haciendo tortas de barro Ahora, es mi trabajo el trabajar con materiales tales como arena y tierra.

¿Sabías que suelo está formado de distintos materiales como piedras y humus?

Las piedras están formadas por partículas de minerales. Hay otras partículas que son pequeñas que se llaman limo. Las partículas de arcilla son las más pequeñas. Son tan pequeñitas que no se pueden ver sin microscopio. Las bacterias fabrican el humus.

¡Es tu turno!

 ¿Necesitas repasar? Para obtener ayuda adicional con el uso de sufijos para determinar el significado de una palabra, mira la sección ¡Palabras!, en la página P.6.

¡Inténtalo!
Lee *El suelo* en las páginas 92 a 109.

El suelo

por Sally M. Walker

Género

El **texto expositivo** presenta hechos sobre un tema. Busca hechos sobre el suelo.

Pregunta de la semana

¿Qué cambios ocurren debajo de la tierra?

¿Qué es el suelo?

¿Hacías tortas de barro cuando eras pequeño? En ese caso, uno de los ingredientes que usabas era el suelo. Seguramente lo llamabas tierra en lugar de suelo.

El suelo, o tierra, está por todas partes. Hay suelo debajo del pasto. El suelo rodea las raíces de los árboles y las flores. Está debajo de las aceras y las calles. Si pudieras levantar tu casa, ¡seguro que también hallarías suelo!

Un puñado de suelo contiene
muchas cosas. Contiene piedras
plantas y trocitos de hojas.
Además, muchas criaturas viven en
el suelo.

El suelo es un recurso natural.
Los recursos naturales son materiales que
están en la Tierra y que ayudan a los seres vivos.
Son creados por la naturaleza, no por las personas.
El suelo ayuda al crecimiento de las plantas y los
animales. Ellos no pueden vivir sin el suelo. Pero,
¿cómo se forma el suelo?

Cómo se forma el suelo

El suelo está formado por diferentes materiales. Uno de estos materiales son pedacitos de piedra. Las piedras son pedazos que se quiebran del lecho de roca. El lecho de roca es la capa de piedra sólida que cubre la parte externa de la Tierra.

Las piedras son duras, pero pueden quebrarse en pedacitos. Esos pedacitos se llaman partículas. El agua, el hielo y el viento son bastante fuertes y rompen las piedras.

Las piedras se convierten en suelo

Las piedras duras pueden quebrarse en pedacitos.

¡El hielo partió esta roca por la mitad!

Al bajar, el agua va rompiendo pedacitos de las piedras.

Las corrientes de agua de los ríos hacen que las piedras giren y rueden. Las piedras se rompen en pedazos más pequeños y las pequeñas partículas de piedra se sueltan.

El agua de lluvia se filtra por las grietas de las rocas. Si se enfría lo suficiente, el agua se congela. Se convierte en hielo. El hielo ocupa más espacio que el agua y presiona la piedra. Eso agranda el tamaño de la grieta y la roca se parte en pedazos.

Este glaciar se desliza hacia abajo y arrastra rocas.

Los glaciares son bloques de hielo gigantes que se mueven. Con su gran peso, trituran lentamente las piedras grandes y las convierten en trocitos pequeños.

El viento sopla granos de arena contra rocas grandes. Al chocar, los granos de arena arrancan partículas de la roca.

Las piedras están hechas de minerales. Los minerales son sustancias naturales muy duras. No son seres vivos, como las plantas o los animales. Los minerales de una piedra pasan a ser parte del suelo cuando la piedra se parte.

Los minerales son una parte importante del suelo porque le añaden nutrientes. Los nutrientes son sustancias que ayudan a los seres vivos a crecer. El suelo contiene nutrientes que las plantas y los animales necesitan.

Pedacitos de cobre

Calcopirita

Hay muchos tipos de bacterias. Las bacterias viven casi en todas partes del planeta. Esta ilustración muestra un tipo de bacteria que vive en el suelo.

El humus es el segundo material del suelo. El humus es de color marrón oscuro o negro. Está formado por trocitos de plantas y animales muertos.

Las bacterias fabrican el humus. Las bacterias son seres vivos diminutos que sólo se pueden ver a través de un microscopio. Los microscopios son instrumentos que aumentan el tamaño de las cosas.

Las bacterias se alimentan de plantas y animales muertos. Los descomponen en trocitos pequeños y los convierten en humus. El humus contiene los nutrientes de deshechos de plantas y animales. Los nutrientes pueden formar parte del suelo.

El tercer componente del suelo es el aire. El suelo está lleno de espacios de aire. Algunos espacios son grandes y se ven fácilmente. Puedes ver los túneles que las lombrices de tierra cavan en el suelo. Los agujeros hechos por las lombrices de tierra están llenos de aire. El suelo también tiene espacios de aire más pequeños que están entre los trozos de minerales y el humus. La mayor parte son muy pequeños para verlos, pero existen.

El cuarto componente del suelo es el agua. El agua se mueve por el suelo y se filtra a través de los espacios de aire. El agua en movimiento recoge nutrientes del suelo y los lleva hacia las raíces de las plantas.

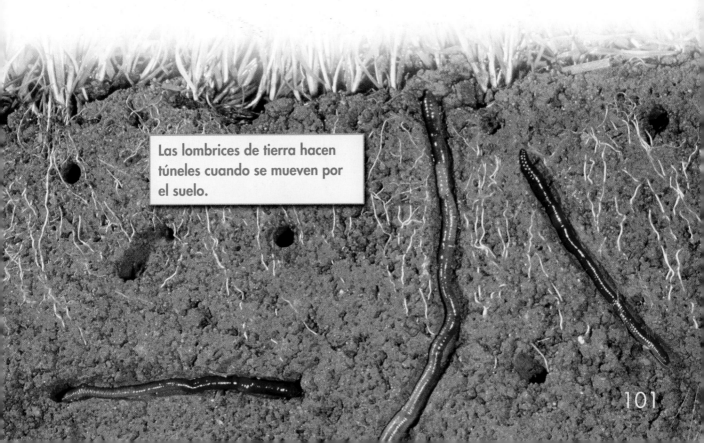

Las lombrices de tierra hacen túneles cuando se mueven por el suelo.

El suelo se forma en los terrenos planos, en los altiplanos, en las orillas de los ríos, en los bosques y en las colinas bajas. El suelo se forma cuando el humus y las partículas de piedra comienzan a acumularse. Una pulgada de suelo demora cientos de años en formarse.

En algunos lugares no se forma suelo, como por ejemplo en las montañas escarpadas, ya que los materiales que forman el suelo se deslizan montaña abajo. Tampoco se forma suelo en lugares con mucho viento ni en lugares donde el agua fluye rápidamente. En esos lugares, los materiales que forman el suelo no se acumulan. No tienen tiempo suficiente para convertirse en suelo.

Cómo es el suelo

El suelo puede estar formado por diferentes tipos de minerales. Los diferentes minerales pueden ser de varios colores. Los minerales y el humus le dan al suelo su color. Muchos suelos tienen tonalidades de marrón. Otros son amarillos, e incluso algunos son de color rojo anaranjado brillante.

El suelo también tiene texturas diferentes. La textura indica si algo es áspero o suave. La textura del suelo depende del tamaño de sus partículas.

Esta ilustración muestra suelo arenoso (izquierda), tierra negra (centro) y suelo arcilloso (derecha).

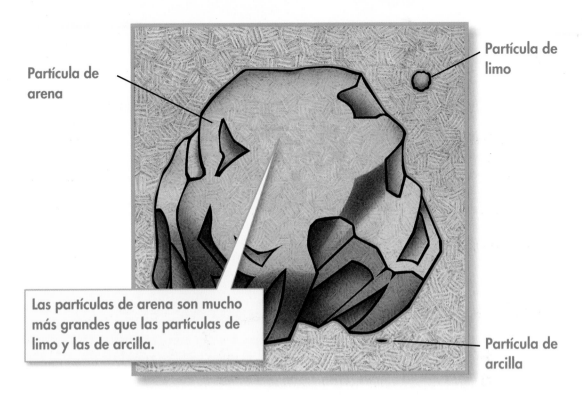

Partícula de arena

Partícula de limo

Las partículas de arena son mucho más grandes que las partículas de limo y las de arcilla.

Partícula de arcilla

Las partículas de minerales más grandes en el suelo se llaman arena. Puedes ver las partículas de minerales en un suelo arenoso. Las partículas de arena se sienten ásperas al frotarlas entre tus dedos. Algunas tienen bordes puntiagudos y dentados. Otras son mayormente redondas.

Otro tipo de partícula del suelo es el limo. Las partículas de limo son mucho más pequeñas que las partículas de arena. No es fácil verlas a simple vista. Si frotas limo entre tus dedos, se siente suave. La forma de las partículas de limo se parece a la forma de las partículas de arena.

Las partículas de arcilla son las más pequeñas del suelo. Son tan pequeñas que sólo se pueden ver con un microscopio. Las partículas de arcilla son planas.

105

El agua se filtra rápido a través de la arena. Por eso, nunca ves charcos en la arena mojada de la playa.

Entre las partículas de arena hay espacios grandes de aire. El agua se filtra rápido a través de esos espacios. Por eso, rara vez se forman charcos en suelos arenosos. Entre las partículas de limo hay espacios más pequeños. El agua tarda más en filtrarse a través de espacios pequeños. Las partículas planas de arcilla están muy apretadas y los espacios entre ellas son diminutos. El agua tarda mucho tiempo en filtrarse por estos espacios tan pequeños. Además, las partículas de arcilla absorben agua. Por lo tanto, el agua demora mucho más en filtrarse a través de un suelo arcilloso.

El agua se filtra muy despacio a través de las partículas de arcilla. Cuando llueve, a menudo se forman charcos en el suelo que tiene muchas partículas de arcilla.

El suelo que contiene cantidades iguales de partículas de arena, limo y arcilla se llama tierra negra. Este suelo es excelente para cultivar plantas. Conserva la cantidad justa de agua para las raíces que están en crecimiento.

El suelo que contiene mayormente partículas de arena se llama tierra arenosa. El agua se filtra rápidamente a través de un suelo arenoso.

El suelo que contiene mayormente partículas de arcilla se llama tierra arcillosa. El agua se filtra lentamente a través de los suelos arcillosos. La lluvia a menudo forma charcos en los suelos arcillosos.

¿Qué textura tiene tu suelo? Frota el suelo entre tus dedos. ¿Se siente áspero, suave o intermedio?

Pon un poco de suelo en la palma de tu mano y añádele una pequeña cantidad de agua. Agrega sólo la suficiente para humedecer el suelo. Si te parece demasiado húmedo, añade un poco más de suelo. Mezcla el suelo y el agua con tus dedos y trata de moldear un círculo plano. Si puedes hacerlo, tu suelo contiene mucha arcilla. Si el círculo se deshace, el suelo contiene más arena y limo que arcilla.

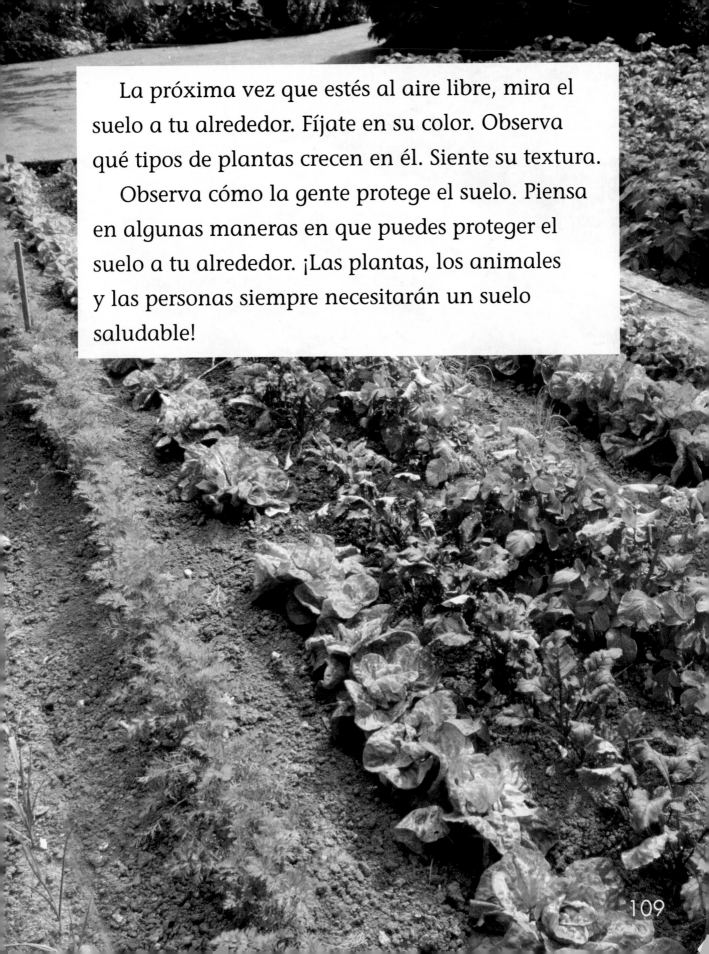

La próxima vez que estés al aire libre, mira el suelo a tu alrededor. Fíjate en su color. Observa qué tipos de plantas crecen en él. Siente su textura.

Observa cómo la gente protege el suelo. Piensa en algunas maneras en que puedes proteger el suelo a tu alrededor. ¡Las plantas, los animales y las personas siempre necesitarán un suelo saludable!

¡Imagínalo! | Volver a contar

Piensa críticamente

Leamos juntos

1. ¿Cómo fue usado el suelo en *El ciclo de vida de una calabaza*? De texto a texto

2. ¿Cree el autor que el suelo es importante? ¿Cómo lo sabes? Pensar como un autor

3. Busca una oración en el artículo que da un hecho. ¿Cómo sabes que es un hecho? Hechos y opiniones

4. ¿Qué preguntas te hiciste mientras leías sobre el suelo? ¿Qué aprendiste? Preguntar

5. Mira de nuevo y escribe Mira de nuevo la página 99. ¿Qué hay en el suelo? Da evidencia que apoye tu respuesta.

PRÁCTICA PARA EL EXAMEN | Respuesta desarrollada

Sally M. Walker

Sally M. Walker ha ganado varios premios por sus libros. Casi todas sus obras son textos informativos. Lo que más le gusta hacer es escribir sobre ciencias: "Me encanta encontrar información curiosa que puede hacer que los niños se interesen por las ciencias".

Sally M. Walker vive en Illinois con su esposo y sus dos hijos, su perro y sus dos gatos.

Lee otros libros sobre la naturaleza.

Yo te hablare de...
la lluvia

Frutas y vegetales

Usa el **Registro de lecturas** del *Cuaderno de lectores y escritores*, para anotar tus lecturas independientes.

Registro
de lecturas

Leamos juntos

¡Escribamos!

Características claves de un informe expositivo breve

- dice lo que has aprendido acerca de un tema
- incluye hechos e ideas acerca de ese tema
- a veces usa elementos gráficos, como fotos.

CALLE DE LA LECTURA EN LÍNEA
GramatiRitmos
www.CalledelaLectura.com

Informe expositivo breve

Un informe expositivo breve cuenta hechos y detalles que el escritor ha aprendido acerca de un tema. El modelo del estudiante, es un ejemplo de informe expositivo breve.

Instrucciones Piensa en lo que has aprendido acerca del suelo. Escribe un informe breve para describir el suelo de tu vecindario.

Lista del escritor

Recuerda que debes...

☑ contar los hechos y detalles que has aprendido acerca del tema.

☑ usar oraciones cortas y largas para que tu informe quede claro.

☑ usar adjetivos para describir el suelo.

112

El suelo en mi vecindario

El suelo cerca de mi casa es muy seco, y el agua enseguida desaparece. Hay mucha arena en el suelo. En algunos lugares la tierra es **más arenosa** que en otros lugares.

La tierra de mi jardín es **más oscura** que la tierra del parque. La tierra del parque parece **más vieja**. La tierra de la huerta de la comunidad es **la más oscura**. Por eso es **la mejor** tierra para plantar.

Característica de la escritura: Oraciones:
El escritor usa la palabra y para contar dos hechos relacionados en una oración.

Género:
Este **informe expositivo** cuenta hechos y detalles acerca del suelo.

El escritor usa **adjetivos** para describir y comparar los tipos de suelo.

Gramática

Adjetivos comparativos y superlativos

Recuerda Los **adjetivos comparativos** usar las palabras *más, mejor* y *mejor que* para comparar dos cosas. Los **adjetivos superlativos** usar las palabras *el/la más, el/la mejor* y *el/la peor* para comparar tres o más cosas.

113

Objetivos
• Decir cuál es la idea principal de
un texto y en qué se diferencia del
tema. • Encontrar los hechos que
están claros y específicos en el
texto. • Usar las características de un
texto para localizar información.

Ciencias en Lectura

Género
Texto Expositivo

- El texto expositivo narra hechos acerca de un tema.

- El tema puede tratar de la gente, los animales, los sitios, o las cosas que existen en el mundo real.

- A menudo, el texto expositivo tiene aspectos tales como encabezados para localizar la información.

- Las leyendas junto a las fotos también ayudan a encontrar una información específica.

- Lee "Animales de madriguera". Busca los hechos en el texto.

Animales de madriguera

por Penny Dowdy

Topos y perritos de la pradera

Los topos son animales pequeños y redondos. Tienen orejas y ojos muy pequeños. Su cuerpo está cubierto de un pelaje de color marrón, pero casi no tienen pelos en el rabo. El perrito de la pradera es un animal pequeño con un rabo corto. Como el topo, tiene orejas y ojos pequeños.

Topo

114

Perrito de la pradera comiendo pasto

El pelaje del perrito de la pradera es de color marrón, más claro que el del topo, y su rabo es mucho más corto. Se llama así debido a sus ladridos. Los topos y los perritos de la pradera se alimentan de pasto y de otras plantas tiernas. Ambos ayudan a mantener el suelo sano y suelto. Los topos y los perritos de la pradera sirven de alimento a otros animales, como halcones, lechuzas y zorros.

Perrito de la pradera

Pensemos...

¿Qué nos dice acerca del tema el encabezado?
Texto expositivo

Pensemos...

¿Por qué se llaman a los perritos de pradera así?
Texto expositivo

115

Montículo de perrito de la pradera

Las madrigueras de los topos y de los perritos de la pradera no son iguales. Una madriguera de un topo puede medir 100 pies o más. Los topos también construyen de 6 a 12 montículos en sus madrigueras. Los montículos les permiten entrar y salir cuando lo necesitan. Los montículos de los topos están muy bien escondidos. Las capas sobre los montículos mantienen las madrigueras oscuras, y a otros animales fuera de la madriguera.

Los montículos de los perritos de la pradera son muy grandes y fáciles de ver. Ellos dejan los montículos abiertos. Por estos agujeros pueden vigilar si vienen animales que podrían cazarlos. Además, a los perritos de la pradera les gusta que el viento y la luz entren a sus madrigueras.

Pensemos...

¿Cuál es la idea principal de estos dos párrafos? **Texto expositivo**

Lechuzas terrestres

Hay animales sorprendentes que viven en madrigueras. Lechuzas terrestres viven en madrigueras hechas por perritos de la pradera y topos. Pero si una lechuza no encuentra una madriguera cavará una con sus propias garras.

Lechuza terrestre

Las lechuzas terrestres son más pequeñas que la mayoría de las lechuzas. Llegan a medir sólo unas 10 pulgadas y pesan menos de media libra. Tienen patas largas y plumas con manchas marrones y negras.

La mayoría de las lechuzas sólo cazan de noche pero de día, las lechuzas terrestres cazan insectos. Para hacer la caza más fácil, juntan el excremento de animales y lo colocan alrededor de la entrada de su madriguera. El excremento atrae insectos que las lechuzas atrapan y comen. De noche, cazan animales pequeños.

Pensemos...

Relacionar lecturas *El suelo* contiene muchos hechos. ¿Le importará uno de estos hechos a un animal de madriguera?

Escribir variedad de textos Escribe un párrafo describiendo la importancia de los hechos acerca del suelo para un animal de madriguera.

Lechuzas terrestres

Objetivos

• Leer palabras con prefijos y sufijos comunes. • Leer en voz alta textos adecuados al grado en que tú estás.
• Comprender y utilizar verbos (pasado, presente y futuro) al leer, escribir y hablar. • Escuchar con atención a los hablantes y hacer preguntas que te ayuden a entender mejor el tema.

Leamos juntos

¡Aprendamos!

CALLE DE LA LECTURA EN LÍNEA
ACTIVIDADES DE VOCABULARIO
www.CalledelaLectura.com

Prepárate para el tercer grado

Al hablar usa un tono y ritmo de voz apropiados.

Escuchar y hablar

Hablar bien

Siempre debes hablar claramente y con cuidado. Usa oraciones completas. Habla a un ritmo apropiado.
No hables demasiado rápido ni demasiado lento. Usa un tono de voz apropiado. Asegúrate que tu voz no es muy fuerte o muy baja. Mira a las personas con las que hablas.

¡Practícalo! Dile a la clase acerca de un juego que te gustaría jugar. Explica porqué te gusta jugar el juego.

Sugerencias

• Usa las convenciones del lenguaje al hablar.
• Usa verbos en tiempo presente para describir qué haces en el juego.

118

Vocabulario

Sufijos

Estructura de palabras Un **sufijo** es una parte de la palabra que se agrega al final de una palabra. Puedes usar sufijos como ayuda para determinar el significado de las palabras.

final   finalmente

El sufijo **-mente** significa "de cierto modo", por lo tanto **finalmente** significa "lo hizo al final".

¡Practícalo! Determina el significado de cada palabra en negritas. Usa el significado del sufijo como ayuda.

1. El niño jugaba **alegremente** con su pelota nueva.

2. Las tortugas caminan **lentamente**.

3. La mamá acarició al bebé **suavemente**.

Fluidez

Leer con expresión apropiada Cuando lees, trata de leer las palabras en grupos. No leas palabra por palabra. Así puedes entender lo que lees.

¡Practícalo! Lee las oraciones en voz alta.

1. El parque está al final de esta calle.

2. Los niños terminaron sus quehaceres y salieron a jugar.

3. Es un bonito día, así que iré al parque.

Objetivos

• Escuchar con atención a los hablantes y hacer preguntas que te ayuden a entender mejor el tema. • Comentar información e ideas sobre el tema. Hablar con claridad y a un ritmo adecuado.

Vocabulario Oral

Hablemos sobre

Cambios difíciles

- Comenta la información sobre el por qué es difícil vivir en un nuevo lugar.

- Comenta tus ideas sobre el por qué es difícil envejecer.

CALLE DE LA LECTURA EN LÍNEA
VIDEO DE LA PREGUNTA PRINCIPAL
www.CalledelaLectura.com

120

121

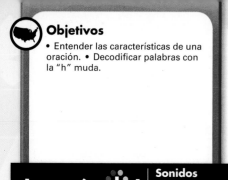

CALLE DE LA LECTURA EN LÍNEA
TARJETAS DE SONIDOS Y GRAFÍAS
www.CalledelaLectura.com

Fonética

Palabras con *h* y con *ch*

Sonidos y sílabas que puedo combinar

herramienta

helado

coche

mucho

hora

Oraciones que puedo leer

1. Ya casi es hora de ir a casa.

2. A mí me gusta mucho el helado de vainilla.

3. Papá guarda su herramienta en el coche.

¡Ya puedo leer!

El domingo hicimos una fiesta de cumpleaños para mi abuelita Victoria. Papá colgó globos y serpentinas del techo. Mamá preparó chuletas con ensalada de lechuga, y de postre, pastel con helado de chocolate. Todos ayudamos. A mí me tocó poner el hielo en los vasos. A las ocho llegó el mariachi. Mi hermana Valentina cantó y luego todos bailamos hasta muy tarde en la noche. Mi abuelita estaba muy contenta porque todos sus hijos estaban presentes. Todos nos divertimos mucho.

Has aprendido

⊚ Palabras con *h* y con *ch*

Objetivos

• Identificar temas en fábulas, leyendas, mitos o cuentos conocidos. • Verificar tu comprensión y hacer correcciones cuando no entiendas lo que lees.

¡Imagínalo!

Destreza

Estrategia

CALLE DE LA LECTURA EN LÍNEA
ANIMACIONES DE ¡IMAGÍNALO!
www.CalledelaLectura.com

Destreza de comprensión

Argumento y tema

• El argumento es lo que sucede al principio, en el medio y al final de un cuento.

• El tema de un cuento es la idea importante que el autor quiere que el lector conozca de su cuento. Ésta puede ser una moraleja.

• Puedes usar lo que sucede en el cuento como ayuda para comprender el tema.

• Lee "El vuelo espacial". Completa el siguiente ordenador gráfico con el principio, el medio y el final del cuento. Luego, escribe el tema.

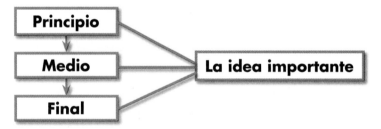

Estrategia de comprensión

Visualizar

El buen lector imagina cómo algo se ve, suena, se siente, sabe o huele cuando lee. Esto se llama visualización. Imaginarte estos detalles puede servirte como ayuda para comprender lo que lees. También hace la lectura más entretenida.

124

El vuelo espacial

María trajo una caja enorme de la cochera. Cortó un agujero cuadrado a un lado.

—¿Qué es eso? preguntó Pedro.

—Es una ventanilla en nuestra nave especial.

María y Pedro añadieron botones para los controles. Luego colorearon el costado de la nave. En poco tiempo ambos estaban dentro de la caja.

—¿Listo para despegar Astronauta Pedro?

—¡Listo!

María hizo la cuenta regresiva. Ambos niños sacudieron la caja hacia adelante y hacia atrás como si la nave despegara.

Estrategia Cierra los ojos e imagina la nave. ¿Qué ves?

—Mira allí Pedro. ¡Mira qué grande es la luna!

Pedro miró por la ventanilla. No vio el sillón ni las cortinas. Vio el espacio exterior.

—Tienes razón. ¡Es increíble!

—¿Ves? Con tu imaginación, puedes ir a cualquier parte.

Destreza ¿Cuál es la idea importante en este cuento?

¡Es tu turno!

⏸ ¿Necesitas repasar? ? Mira el *¡Imagínalo! Cuaderno de práctica* para obtener ayuda sobre desarrollo y tema y visualizar.

▶ ¡Inténtalo! Mientras lees *La noche que se cayó la luna*, usa lo que has aprendido sobre desarrollo y tema y visualizar.

Objetivos

• Usar claves del contexto para entender el significado de palabras que no sabes o palabras que tienen más de un significado.

cañones

coral

equilibrio

mecerse
sacude
tiritas

Estrategia de vocabulario para

Palabras con múltiples significados

Claves del contexto Cuando lees, puedes encontrar una palabra que conoces, pero el significado no le corresponde a la oración. La palabra puede tener más de un significado. Puedes usar las claves de contexto para entender el significado relevante.

1. Usa el significado que conoces. ¿Tiene sentido? Si no, puede tener más de un significado.

2. Continúa leyendo y mira las palabras que están cerca. ¿Puedes encontrar otro significado?

3. Usa el nuevo significado en una oración. ¿Tiene sentido?

Lee "El cañón de Oak Creek". Usa claves del contexto para hallar el significado relevante de las palabras con múltiples significados.

Palabras para escribir Vuelve a leer "El cañón de Oak Creek". ¿Cuál es tu lugar favorito para ir a caminar? Descríbelo. ¿Qué ves cuando caminas? Usa palabras de la lista de *Palabras para aprender*.

El cañón de Oak Creek

En la naturaleza hay muchas grandes cosas para ver. En el fondo del mar hay coral y peces. Las montañas se extienden hacia lo alto del cielo. Las hierbas largas tienden a mecerse sobre millas de tierra plana. Profundos cañones se hunden bajo la tierra. Los cañones de Oak Rock son uno de estos cañones.

En el cañón de Oak Rock hay rocas con formas extrañas. El paso del tiempo, el viento y el agua ha desgastado partes de las rocas. Esto les dio su forma.

Visita el cañón temprano por la mañana. Puedes ver el amanecer. Puedes ver la luz reflejarse en las rocas. ¡Es buena hora para explorar! Camina con cuidado. Quieres mantener tu equilibrio mientras exploras. Abrígate bien. Porque si no te abrigas bien, tiritas de frío y el viento te sacude.

Para y escucha. ¿Oyes al viento susurrar a través de los altos árboles? ¿Escuchas ese ruido? Puede ser una serpiente. Quieres mantenerte bastante alejado de la serpiente. Mira a tu alrededor. Es posible que veas animales grandes aquí. Los venados y las ovejas viven aquí. También viven aquí los lagartos. El cañón está lleno de sonidos y cosas interesantes. ¡Te divertirás aquí!

¡Es tu turno!

 ¿Necesitas repasar? Para obtener ayuda adicional sobre el uso de claves del contexto para determinar el significado relevante de palabras con múltiples significados, mira la sección *¡Palabras!*, en la página P.7.

▶ **¡Inténtalo!**
Lee *La noche que se cayó la luna* en las páginas 128 a 143.

La noche que

128

se cayó la luna

Un mito maya narrado por
Pat Mora

Ilustrado por
Domi

Una noche hace tiempo, la luna tarareaba desde lo alto del cielo, las estrellas brillaban y el viento amigo de Luna dormitaba cerca. Era una noche callada y serena.

De repente, *¡uuchchcht!*, el cielo se estremeció y un gran zumbido sacudió las estrellas y asustó a Luna. Abuelo había disparado su cerbatana, y al saltar del susto, Luna perdió el equilibrio y comenzó a rodar y rodar.

Rodó al pasar las estrellas, rodó al pasar las nubes. Siguió rodando y rodando, cayó salpicando entre olas frías y oscuras y se quebró en destellos y pedacitos brillantes contra el fondo arenoso del mar.

El cielo inmenso quedó tan oscuro y quieto como el mar profundo. Las estrellas cerraron sus ojos. Las estrellas cerraron sus ojos, las flores doblaron sus pétalos, y todos los pájaros del mundo alzaron su vuelo para buscarla. Volaron entre tormentas ruidosas, buscaron entre oscuros cañones y entraron veloces en cuevas enormes llamando:

"Trae tu luz, Luna vuelve,
la oscuridad nos envuelve".
Silencio.
El viento amigo recorrió las montaña susurrando, y luego rugiendo:
"Trae tu luz, Luna vuelve,
la oscuridad nos envuelve".
El mundo esperaba. El mundo escuchaba.
Silencio.

131

¿Dónde estaba la luna?

Los pececitos del fondo del mar lo sabían porque habían visto su clara luz y escuchado su canción solitaria.

"¿Dónde está el cielo? ¿Dónde estoy?

Quebrada, triste y perdida voy".

Nadando y nadando alrededor de los pedazos de Luna los pececitos susurraban. "¿Qué podemos hacer? ¿Qué podemos hacer?"

—Seremos tus amigos —dije el pequeñito—. ¿Cómo te llamas?

—Luna —respondió entre sollozos.

—¿Eres la luz que tararea en lo alto del cielo? —le preguntó el gordito.

Luna sollozó,

—Era esa luz, ¿pero dónde estoy?

Quebrada, triste y perdida voy.

Los pececitos y Luna leventaron sus
ojos, pero sólo vieron las profundas aguas.
Los pececitos extrañaban la luz del cielo al
anochecer, y los juegos bajo el claro de Luna.

Con voz triste, suspiró Luna,

—Estoy triste, extraño mi casa. Pececitos, no
se qué pasa.

A los pececitos les dio lástima —¡Míranos!—
le dijo el pequeñito y comenzaron a hacer
burbujas de formas maravillosas y chistosas para
hacerla sonreír y reír.

—El mar esta oscuro y frío, pero entre
amigos río.

Los pececitos comenzaron a tararear y,
poco a poco, Luna se unió a su canto y se fue
arrullando hasta que se durmió.

Se despertó rodeada de colores y vio bosques de
coral y algas marinas. Los peces dorados brillaban,
los peces azules volaban; y los caballitos de mar
galopaban suavamente, mientras las estrellas marinas
saludaba con sus brazos color lavanda.

—Sí —dijo el gordito—. Nuestro mundo de agua
es también hermoso.

—¡Aaaaaah! —dijo Luna asombrada al ver tantos
remolinos y torbellinos de plata, y su "¡Aaaaaah!" se
elevó formando burbujas brillantes.

De repente, una sombra oscura y enorme de ojos fríos como piedras, se acercó. Los pececitos salieron disparados, Luna dejó de reír y rodó hasta una cueva cercana.

—Ya se fue, Luna —anunció el gordito—. Arriba o abajo, siempre hay peligro, pero sé que eres inteligente y valiente.

—¿Lo soy? —preguntó Luna, aunque sabía que lo era. Luego les contó que a su amigo el viento siempre le decía:

"Busca en ti la solución,
cuando llegue la ocasión."

—Luna —dijo el gordito—, busca la solución y te ayudaremos.

—Déjame pensar —dijo Luna. Pensó y pensó, mientras los pececitos tarareaban suavemente para ayudarla a pensar.

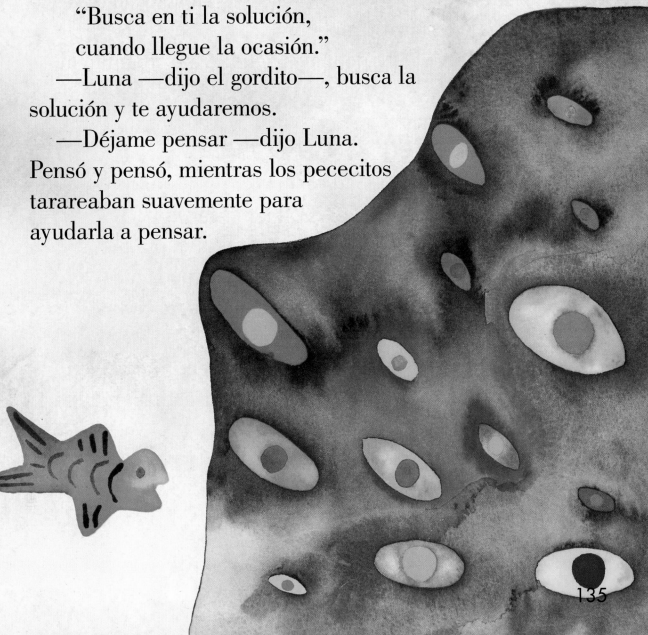

135

Luna empezó a mecerse al vaivén de la música y los pececitos se mecían también. Luna comenzó a tararear y a rodar y aunque rodaba en un mar ajeno, comenzó a reponerse.

—¿En qué te podemos ayudar? —preguntó el pequeñito.

Luna cantó:

"Busca en ti la solución,
cuando llegue la ocasión".

Los pececitos pensaron y pensaron y susurrando: "*Bsss, bsss. Bsss, bsss,*" supieron lo que tenían que hacer. Buscaron pedacitos brillantes de Luna entre las conchas y en las frías cuevas del mar. Con sus agallas plateadas, recogieron destellos y pedazos, y en un mar ajeno, Luna rodó y rodó hasta convertirse en luna llena. Luego, pidió a sus amigos,

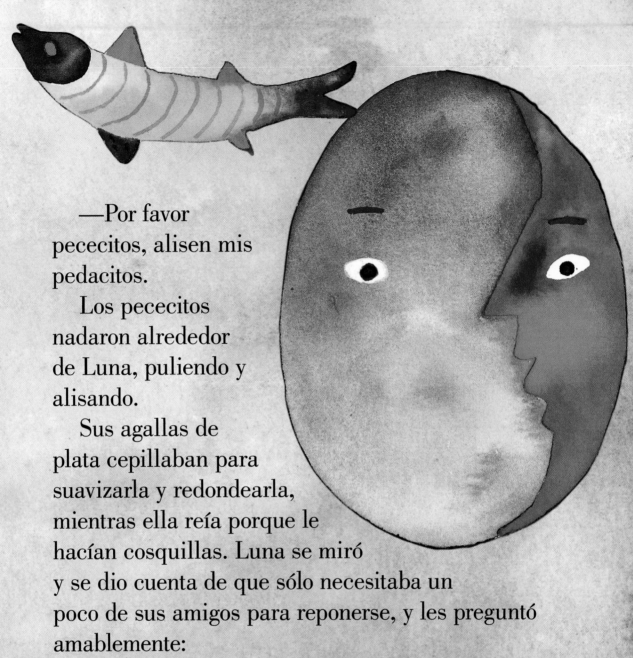

—Por favor pececitos, alisen mis pedacitos.

Los pececitos nadaron alrededor de Luna, puliendo y alisando.

Sus agallas de plata cepillaban para suavizarla y redondearla, mientras ella reía porque le hacían cosquillas. Luna se miró y se dio cuenta de que sólo necesitaba un poco de sus amigos para reponerse, y les preguntó amablemente:

—¿Parte de ustedes me darán? ¿Goma de plata serán?

Los pececitos se miraron, y luego pensaron y pensaron. Susurraron, *"Bsss, bsss. Bsss, Bsss"*. Luna sonreía y tarareaba y ellos se mecían y bailaban. Luego supieron qué hacer. Sacudieron sus cuerpos para aflojar algunas escamas de plata , y con sus agallas pegaron la luna rodante. A medida que Luna se reponía, las aguas a su alrededor brillaban y ella tarareaba radiante.

¡Qué hermosa se veía redonda y entera otra vez! El mar profundo se baño con su clara luz y mientras las olas se enroscaban formando un arco iris, los pececitos descansaban.

Luna les dijo:

—Por la goma de hoy, amigos, gracias les doy.

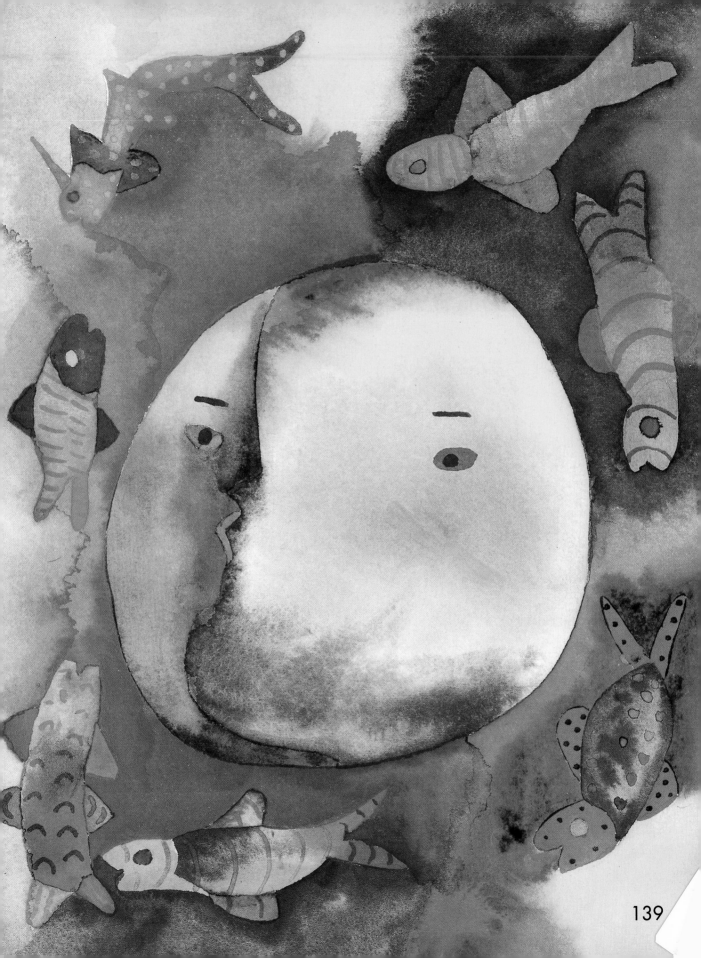

—Eres feliz, te vez como un globo —dijo el pequeñito, mirando como Luna comenzaba a flotar.

Luna río,

—Redonda y entera estoy,

flotando a mi casa voy.

Los peces vieron cómo Luna flotando despacio desde el fondo del mar y susurraron, "*Bsss, bsss. Bsss, bsss*", y supieron lo que tenían que hacer.

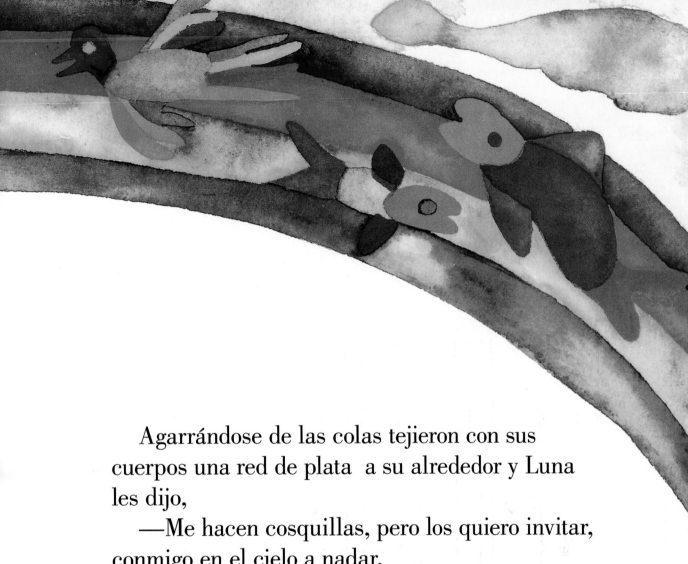

Agarrándose de las colas tejieron con sus
cuerpos una red de plata a su alrededor y Luna
les dijo,

—Me hacen cosquillas, pero los quiero invitar,
conmigo en el cielo a nadar.

Despacio, pasaron nubes y pasaron estrellas.
Cuando llegaron al cielo de la noche, Luna
comenzó a tararear y el cielo de la noche comenzó
a cambiar. La clara luz de Luna despertó las
estrellas, y su amigo el viento sopló contento.
Las flores levantaron sus pétalos, y los pájaros
volaron muy alto, luego cantaron una nota antes de
acomodarse en en sus nidos sobre árboles y techos.

Feliz en casa, Luna entonaba canciones de
peces dorados, estrellas de mar, piedras de coral,
algas marinas, y de olas formando un arco iris.

Los pececitos nadaban en el cielo inmenso de
la noche, y la voz de Luna, era más dulce que el
olor de mil flores y más suave que el murmullo
ssshhh, ssshhh, ssshhh, ssshhh, de las olas de la
madrugada.

Luna cantaba,

—El cielo es mi brillante mar;
amigos, quédanse a nadar.
Y sus amigos se quedaron.

Mira hacia arriba. Alto muy alto, dormita el viento. Muy cerca los pececitos nadan titilantes, mientras Luna sonríe radiante.

Objetivos

• Identificar temas en fábulas, leyendas, mitos o cuentos conocidos.
• Leer para tí mismo(a) por un rato y narrar con tus palabras lo que lees.
• Verificar tu comprensión y hacer correcciones cuando no entiendas lo que lees.

¡Imagínalo! | **Volver a contar**

CALLE DE LA LECTURA EN LÍNEA
ORDENACUENTOS
www.CalledelaLectura.com

Piensa críticamente

Leamos juntos

1. ¿Cómo se ve la luna en el cielo? ¿Cómo cambia?

El texto y el mundo

2. ¿Por qué crees que el autor vuelve a contar este mito? ¿Qué lección quiere enseñarte el autor? Pensar como un autor

3. ¿Qué sucede cuando Luna vuelve al cielo al final del mito?

Tema y argumento

4. Di lo que ves cuando lees sobre Luna que cae del cielo al mar.

Visualizar

5. Mira de nuevo y escribe Mira de nuevo la página 136–138. ¿Qué hacen los pececitos para ayudar a Luna a volver al cielo? Da evidencia que apoye tu respuesta.

PRÁCTICA PARA EL EXAMEN | Respuesta desarrollada

Conoce a la ilustradora
Domi

Leamos juntos

La ilustradora Domi es indígena mazateca de México. En su arte, usa muchas tradiciones indígenas.

De niña, observaba a sus tías tejer ropa indígena. Por la noche practicaba sola, creando patrones de colores brillantes. Cuando tenía 20 años, intentó pintar por primera vez. Pintó figuras coloridas en una pared de su sala.

Domi siente que el arte es sumamente importante en nuestra vida diaria. "Debes pintar, bailar, hacer algo creativo para mantenerte sano".

Lee otros libros escritos por Pat Mora

La señora de la panadería

El desierto es mi madre

Usa el Registro de lecturas del *Cuaderno de lectores y escritores*, para anotar tus lecturas independientes.

145

Objetivos

• Escribir poemas breves que tengan detalles de lo que puedes ver, oler, escuchar, degustar o tocar. • Comprender y utilizar adverbios al leer, escribir y hablar. • Comprender y utilizar palabras que muestran cambio en el tiempo, al leer, escribir y hablar.

Leamos juntos

¡Escribamos!

Aspectos principales de un poema narrativa

- cuenta un cuento
- puede tener palabras que riman
- puede describir algo o expresar sentimientos

CALLE DE LA LECTURA EN LÍNEA
GramatiRitmos
www.CalledelaLectura.com

Poema narrativo

Un poema narrativo cuenta un cuento. Se puede leer un poema en voz alta. Los poemas a menudo tienen palabras que riman. El modelo del estudiante, en la página siguiente, es un ejemplo de poema narrativo.

Instrucciones Piensa en algo que haya cambiado en tu vida. Escribe un poema sobre eso.

Lista del escritor

Recuerda que debes...

☑ contar un cuento en tu poema.

☑ usar tu voz como escritor para mostrar lo que recuerdas y sientes.

☑ decir y escuchar a tu poema.

☑ usar adverbios que indican cuándo y dónde.

Tienes que esperar

Juancito llegó a casa **ayer**

Nuestro bebé tiene mucho que aprender.

Con él quiero hablar y jugar.

Mamá dice tienes que esperar.

Todos lo vamos a cuidar **aquí**.

Mi hermano se parecerá a mí.

Juancito como yo crecerá.

Primero caminará, y **después** correrá.

A mi hermanito le voy a decir que siempre nos vamos a divertir.

Los **adverbios** pueden indicar cuándo o dónde. Las palabras tales como *primero* y *después* indican el orden de los sucesos.

Característica de la escritura: Voz

Lo que siente el escritor acerca de lo divertido que será el futuro está claro.

Género: Un **poema narrativo** cuenta un cuento.

Normas

Adverbios que indican cuándo y dónde

- **Recuerda** Los **adverbios** indican algo más sobre los verbos. Algunos adverbios indican **cuándo** o **dónde**.
- Comí **antes**.
- Las **palabras de tiempo y orden** tales como **primero, luego** y **después** ayudan a mostrar el
- orden en que suceden las cosas.

147

Objetivos

• Identificar varios estilos de escritura que se utilizan en los medios de comunicación digitales y la Internet.

Destrezas del siglo XXI

EXPERTO EN INTERNET

¡El correo electrónico es fantástico! Envía mensajes electrónicos a estudiantes de todo el mundo. Trabajen juntos en algún proyecto. Hagan de nuestro mundo un mejor lugar. O lean juntos un buen libro. Luego, compartan sus ideas por medio del correo electrónico.

- **Correo electrónico** se conoce comúnmente como e-mail. Se puede enviar por la Internet de una computadora a otra.

- El correo electrónico se puede usar para comunicarse con familiares y amigos.

- Un mensaje electrónico es como una carta amistosa.

- Lee "Una casa nueva". Usa las ilustraciones y el texto para aprender cómo funciona el correo electrónico.

Una casa nueva

Mudarse a una casa nueva puede ser difícil pero emocionante. Escribir un mensaje electrónico te puede servir de ayuda para que te mantengas en contacto con familiares y amigos que están lejos. Así es cómo funciona el correo electrónico.

Cuando enciendes tu computadora y revisas tu correo electrónico, puedes hacer lo siguiente:

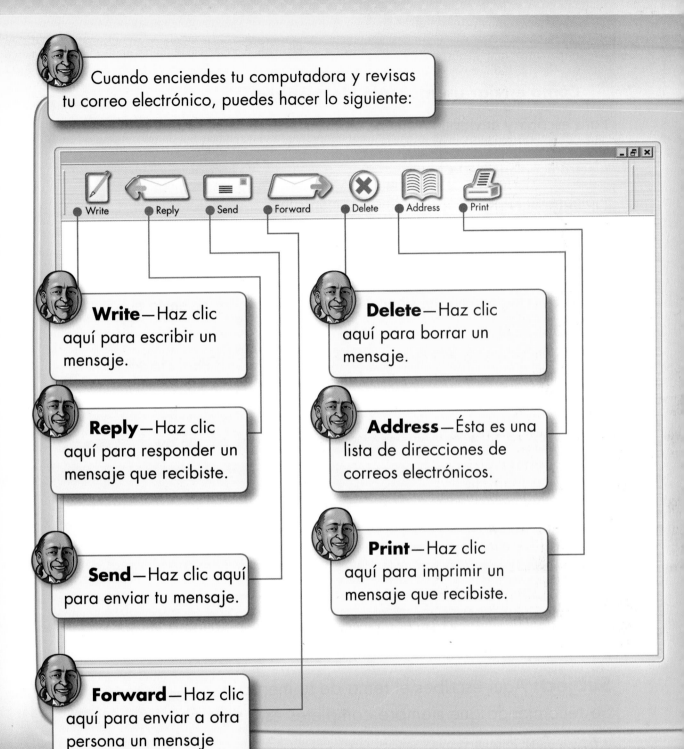

Write—Haz clic aquí para escribir un mensaje.

Reply—Haz clic aquí para responder un mensaje que recibiste.

Send—Haz clic aquí para enviar tu mensaje.

Forward—Haz clic aquí para enviar a otra persona un mensaje que recibiste.

Delete—Haz clic aquí para borrar un mensaje.

Address—Ésta es una lista de direcciones de correos electrónicos.

Print—Haz clic aquí para imprimir un mensaje que recibiste.

Cómo enviar un mensaje electrónico

Para escribir y enviar un mensaje electrónico, necesitas la dirección del correo electrónico de una persona. Las direcciones de correo electrónico tienen esta forma:

(nombre de la persona)@(destino del mensaje)

Las letras a la izquierda mencionan el nombre de la persona o el lugar al cual estás escribiendo. Las personas a menudo usan sobrenombres o abreviaturas. El símbolo @ representa la palabra "en" (*at* en inglés). Las letras a la derecha del signo @ indican a qué lugar se envía el mensaje.

Para escribir un mensaje electrónico, haz clic en un botón que dice **Write** o **Compose** o **New**. Se abrirá una ventana como ésta:

To: Aquí escribes la dirección del correo electrónico de la persona que va a recibir tu mensaje.

Subject: Aquí escribes el tema de tu mensaje. Se recomienda que siempre completes esta sección.

Ahora estás listo para escribir tu mensaje, como el de la página siguiente.

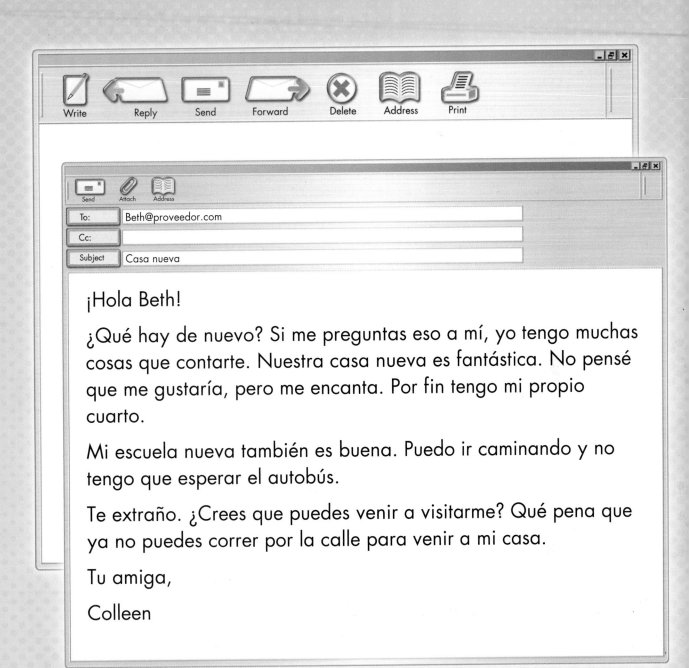

Write   **Reply**   **Send**   **Forward**   **Delete**   **Address**   **Print**

Send   **Attach**   **Address**

To:	Beth@proveedor.com
Cc:	
Subject	Casa nueva

¡Hola Beth!

¿Qué hay de nuevo? Si me preguntas eso a mí, yo tengo muchas cosas que contarte. Nuestra casa nueva es fantástica. No pensé que me gustaría, pero me encanta. Por fin tengo mi propio cuarto.

Mi escuela nueva también es buena. Puedo ir caminando y no tengo que esperar el autobús.

Te extraño. ¿Crees que puedes venir a visitarme? Qué pena que ya no puedes correr por la calle para venir a mi casa.

Tu amiga,

Colleen

para más práctica

Busca en línea
www.CalledelaLectura.com

Escribe un correo electrónico a un amigo.

Destrezas del siglo XXI: Actividad en línea

Ingresa y sigue paso a paso las instrucciones para escribir un correo electrónico sobre una visita a un familiar.

Leamos juntos

¡Aprendamos!

CALLE DE LA LECTURA EN LÍNEA
ACTIVIDADES DE VOCABULARIO
www.CalledelaLectura.com

Prepárate para el tercer grado

Describe cómo los medios de comunicación usan ilustraciones para comunicar hechos y opiniones.

Lectura y medios de comunicación

Describir técnicas de los medios de comunicación

Los medios de comunicación pueden dar información o entretener. Pueden presentar hechos o expresar opiniones. Pueden usar ilustraciones, tales como fotos, dibujos, diagramas y gráficas. Las gráficas también proveen información.

¡Practícalo! Trabaja en grupos. Busca un artículo en la Internet o en una revista o periódico. Estudia el artículo. Mira las ilustraciones. ¿Qué información te dan? ¿Incluye el artículo opiniones o hechos? ¿Hay alguna información engañosa? Dile a la clase acerca de tu artículo. Recuerda esperar tu turno y hablar claramente.

Sugerencias

- Describe de qué manera técnicas tales como el uso de ilustraciones, se usan para crear mensajes de los medios de comunicación.
- Describe cómo las ilustraciones hacen un producto o historia más interesante.

Vocabulario

Palabras con varios significados

Claves del contexto A veces lees una palabra que conoces pero que el significado no concuerda. Las claves del contexto te pueden ayudar a entender el significado relevante de la palabra.

¡Practícalo! Lee y escribe cada oración. Encierra en un círculo el significado para cada palabra en negritas.

1. La **llama** de la vela se apagó.

   animal   fuego   del verbo llamar

2. La **cola** para comprar boletos estaba muy larga.

   fila de personas   rabo de un animal   pegamento

Fluidez

Leer con expresión Leer con expresión hace más interesante una historia. Leer como si el personaje estuviera hablando hace que la historia cobre vida y se llene de energía.

¡Practícalo! Lee las oraciones en voz alta.

1. —¿Has actuado antes? —preguntó el director de la obra.

2. —¿Te puedes quedar cinco minutos más por favor? —suplicó Carlos.

Objetivos

• Escuchar con atención a los hablantes y hacer preguntas que te ayuden a entender mejor el tema. • Comentar información e ideas sobre el tema. Hablar con claridad y a un ritmo adecuado.

Hablemos sobre

Los cambios de temperatura

● Comenta la información sobre cómo el tiempo puede causar daños.

● Comenta tus ideas sobre cómo el tiempo afecta el abastecimiento de alimentos.

CALLE DE LA LECTURA EN LÍNEA
VIDEO DE HABLAR DEL CONCEPTO
www.CalledelaLectura.com

¡Has aprendido

1 5 3

palabras asombrosas
este año!

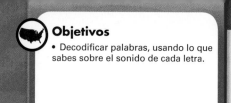

Fonética

Diptongos *ai (ay), ei (ey), oi (oy), ui (uy)*

Sonidos y sílabas que puedo combinar

rey

paisaje

estoy

reina

bailar

Oraciones que puedo leer

1. Mi clase va a bailar en el programa de la escuela.

2. Los personajes del cuento son un rey y una reina.

3. Estoy admirando el paisaje desde esta colina.

¡Ya puedo leer!

Había una vez un rey y
una reina que vivían en un
gran palacio. El palacio
estaba construido encima
de un monte. Desde ahí
se veía un paisaje muy
hermoso. —El rey dijo, —Daré veinte monedas de oro
al que venza al dragón de la cueva hoy. —Yo lo haré.
Soy muy fuerte —dijo Simón el carpintero y se fue. A lo
lejos sólo se veía una capa volar en el aire. Era Simón
que regresaba al reino. —Fui y cumplícon mi promesa
de eliminar al dragón. La gente se alegró y hubo un
gran baile.

Has aprendido

🔄 Diptongos *ai (ay), ei (ey),
oi (oy), ui (uy)*

¡Imagínalo!

Destreza

Estrategia

Destreza de comprensión

Argumento y tema

- El argumento es lo que sucede al principio, en el medio y al final de un cuento.

- El tema de un cuento es la "idea importante" que el autor quiere que el lector conozca de su cuento.

- Lee "El saltamontes y la hormiga" en la página 159. Mientras lees, dibuja y completa un organizador gráfico como el siguiente. Escribe lo que sucede al principio, en el medio y al final.

Principio	
Medio	
Final	

Estrategia de comprensión

Verificar y aclarar

El buen lector se asegura de comprender lo que lee. ¿Hay algo que te parezca confuso cuando lo lees? Hazte una pregunta. Luego, vuelve a leer el párrafo. Piensa en lo que dice. ¿Responde a tu pregunta?

El saltamontes y la hormiga

Hace mucho tiempo, un saltamontes se encontró con una hormiga. La hormiga cargaba un grano de maíz en la espalda.

—¡Hola! ¿Te gustaría cantar conmigo? —dijo el saltamontes.

La hormiga dijo: —No ahora. Tengo que llevar mucho maíz a mi nido para el invierno —dijo la hormiga.

—¿Por qué preocuparse por el invierno? —preguntó el saltamontes—. ¡Es verano!

—No tendrás nada que comer si no trabajas ahora —dijo la hormiga, y se fue. El saltamontes se reía de la hormiga.

Pasaron muchos meses. Al llegar el invierno, ya no quedaba ninguna hoja en los árboles. El saltamontes no pudo hallar alimento. Tenía mucha hambre.

La hormiga no tenía hambre. Tenía mucho maíz porque se había preparado para el invierno.

Estrategia
¿Leíste algo que no comprendes? Haz una pregunta. Vuelve a leer el texto para hallar la respuesta.

Destreza
¿Qué sucede al final del cuento? ¿Cuál crees que es el tema del cuento?

¡Es tu turno!

¿Necesitas repasar? Mira el manual *¡Imagínalo!* para obtener ayuda sobre desarrollo y tema y verificar y aclarar.

 ¡Inténtalo! Mientras lees *La primera tortilla*, usa lo que has aprendido sobre desarrollo y tema y verificar y aclarar.

Objetivos
- Leer palabras con prefijos y sufijos comunes. • Usar prefijos y sufijos para descifrar el significado de las palabras.

despertado

arco iris

volcán

destapó
peñascos
sufriría

Estrategia de vocabulario para

Prefijos

Claves del contexto Cuando lees, puedes encontrar una palabra que no conoces. Mira la palabra. ¿Tiene la palabra el prefijo *re-* o *des-*? Cuando añades el prefijo *re-* a una palabra, la palabra significa "_____ otra vez". Cuando añades el prefijo *des-* significa "no ____". Usa el prefijo para ayudarte a entender el significado de la palabra.

1. Pon tu dedo sobre el prefijo.

2. Mira la raíz de la palabra. Pon la raíz de la palabra en la frase "_____ otra vez" o "no _____".

3. Ensaya ese significado en la oración. ¿Tiene sentido?

Lee "Pastel en forma de volcán". Usa los prefijos para ayudarte a determinar los significados de las palabras.

Palabras para escribir Vuelve a leer "Pastel en forma de volcán". Escribe sobre cómo harías un pastel en forma de volcán. Usa palabras de la lista de *Palabras para aprender*.

Pastel en forma de volcán

Eran las seis de la mañana. Era domingo y Felicia ya se había despertado. Ése era un día muy especial. Con la ayuda de su abuelita, ella y sus dos compañeros Carla y Sebastián iban a hacer un pastel en forma de volcán para presentarlo a la clase al día siguiente. Resulta que habían decidido entrar en el concurso de platos originales.

—¿Qué tipo de pastel quieren hacer? —pregunta la abuelita.

—Queremos un pastel en forma de volcán —dice Felicia.

—Sí. Y no queremos que sea dulce —explica Sebastián.

—Tengo una idea —dice Carla—. Haremos el volcán de arroz.

—Y haremos albóndigas pequeñas e irregulares para que se parezcan a los peñascos —dice Felicia.

—Pondremos una salsa que va en el cráter del volcán y un poco sobre los peñascos —dice Sebastián—. Y explicamos que el volcán se destapó.

—Luego dibujaremos un arco iris en un cartón como parte del paisaje —dice Carla.

—Ojalá que nuestro plato sea uno de los favoritos del jurado —dice Felicia—. Sí no, la que más sufriría es Carla.

¡Es tu turno!

 ¿Necesitas repasar? Para obtener ayuda adicional sobre prefijos para ayudarte a determinar el significado de una palabra, mira la sección *¡Palabras!*, en la página P.5.

¡Inténtalo! Lee *La primera tortilla* en las páginas 162 a 177.

La primera tortilla

por Rudolfo Anaya
ilustrado por Amy Córdova

Género

Una **leyenda** es un estoria antigua sobre las hazañas de un héroe. Ahora leerás sobre cómo una niña se convierte en la heroína de su pueblo.

Pregunta de la semana

¿Cómo nos afectan los cambios en el clima?

193

Jade abrió lo ojos y bostezó. Sabía que se había despertado tarde porque ya había salido el sol.

—Es hora de levantarse, Jade preciosa —susurró su madre, al tiempo que molía chile seco en un metate.

—Es hora de saludar al sol —dijo su padre, mientras hacía una canasta. Todos los días los padres de Jade iban al mercado de la aldea a vender sus canastas de muchos colores.

Jade saltó de la hamaca y saludó a sus padres. Después de desayunar salió rápido para regar el jardín.

Cerca de la aldea de Jade había un enorme volcán. En lo alto de la montaña vivía el Espíritu de la Montaña. Cuando el Espíritu de la Montaña hablaba, la tierra temblaba y el humo cubría el aire. A veces, la lava ardiente se deslizaba por la ladera de la montaña. Jade dijo una oración. "Espíritu de la Montaña danos lluvia. Nuestras plantas de frijol y calabaza se están muriendo".

Jade tomó una olla de barro y caminó hacía el lago. Saludó a las otras niñas de la aldea que también recogían agua. El lago que alguna vez fuera hermoso se estaba secando. Llenó la olla y regresó al jardín. Mientras trabajaba, un precioso ruiseñor azul voló frente a ella.

—Debes ir al Espíritu de la Montaña y pedir lluvia —susurró el ruiseñor—. Y debes llevar un regalo.

Su padre le había dicho que los pájaros pequeños traían mensajes del Espíritu de la Montaña. Jade sabía que debía hacer caso al mensaje.

—El camino es muy peligroso —dijo ella.

—Yo te guiaré —contestó el ruiseñor.

Jade entró corriendo a la choza.

—¿Qué sucede, hija mía? —preguntó su madre.

—¡Oigan bien! —comenzó Jade y le contó a sus padres lo que había pasado.

Su madre sonrió y dijo —Un ruiseñor azul voló encima de tu cuna cuando naciste. Era una señal especial.

—¿Por qué no vienen las lluvias? —Jade le preguntó a su padre.

—Hace muchos años teníamos lluvias y buenas cosechas pero la gente se olvidó de agradecer al Espíritu de la Montaña. No llevamos ofrendas a la montaña. Ahora está enojado y no hay lluvias.

—Yo puedo llevar una ofrenda de comida —dijo Jade.

Su padré negó con la cabeza y dijo —Una niña no puede subir la montaña. Te caerías de los peñascos como un pájaro sin alas.

—Nuestros jardines se están muriendo —dijo su madre—. Dentro de pronto tendremos que dejar nuestro hogar para ir a buscar alimento. Ese será el final de nuestra forma de vida.

Jade se entristeció. Sabía que la gente no quería irse de la aldea. Habían vivido al pie del volcán por muchas generaciones. También había sido la casa de sus antepasados.

Cuando sus padres se habían ido al mercado, Jade fue al jardín, pensando qué podría hacer ella para ayudar a su pueblo.

El ruiseñor azul se presentó de nuevo.

—El Espíritu de la Montaña te escuchará —susurró el ruiseñor.

—¿Qué puedo hacer? —preguntó Jade.

Su padre había dicho que podría caerse de los peñascos como un pájaro sin alas. Sin embargo, si no iba, toda la aldea sufriría.

—Sí, iré —se decidió Jade.

Calentó un platón con frijoles y calabaza, y le espolvoreó chile rojo.

"Espero que esto le agrade al Espíritu de la Montaña", pensó.

Se cubrió los hombros con un rebozo y siguió al ruiseñor hacía lo alto de la montaña por un camino angosto. De repente, la montaña se sacudió y rodaron piedras grandes cuesta abajo.

—¡Por este lado! —gritó el ruiseñor.

Jade brincó a un lado, y se salvó de que las enormes piedras la lastimaran.

Finalmente llegaron al hogar del Espíritu de
la Montaña, en donde las mariposas revoloteaban
alrededor de un arco iris de flores. Una cascada caía
en un lago de agua cristalina.

—¿Por qué has venido? —preguntó el Espíritu de
la Montaña. El cielo se llenó de truenos y humo.

—He venido a pedir lluvias —contestó Jade. Sin
lluvias nuestras plantas morirán y nos moriremos de
hambre.

—¡Tu gente ya no me honra! —dijo el Espíritu de la Montaña.

—Yo no te he olvidado —contestó Jade—. Te he traído un regalo.

La niña destapó el tazón con frijoles y calabaza.

Un agradable aroma llenó el aire, el Espíritu de la Montaña estaba contento.

—Eres una niña valiente. Mandaré las lluvias, y a ti te daré un regalo. Puedes llevarte el alimento que las hormigas guardan en la cueva.

Jade vio a las hormigas escabulléndose en la tierra.

—Las hormigas llevan guijarros —dijo Jade.

—Fíjate bien —susurró el Espíritu de la Montaña. Jade se arrodilló.

—¿Qué llevan? —le preguntó a las hormigas.

—Es maíz —contestó una hormiga.

—Pruébalo —dijo otra hormiga, ofreciéndole un grano de maíz.

Jade masticó el maíz. —¡Ah, qué sabor tan dulce! —gritó—. ¿De dónde viene?

—Crece aquí en la Montaña del Maíz. Nosotros recolectamos los granos y los guardamos en una cueva. Ven con nosotros.

171

Jade siguió a las hormigas a la cueva. En el suelo había montones de maíz.

—El maíz es un regalo del Espíritu de la Montaña —dijo la hormiga—. Toma todo lo que quieras.

Jade puso el maíz en su rebozo. Agradeció al Espíritu de la Montaña. Agradeció al ruiseñor por guiarla, y agradeció a las hormigas por compartir el maíz con ella.

Con cuidado, bajó la montaña con su regalo. Sus padres habían regresado del mercado. Jade entró a su casa y dejó caer el maíz en el suelo.

—¿Qué es eso? —preguntó su padre.

—¡Maíz! —gritó Jade—. El Espíritu de la Montaña me lo dio. Mira, pruébalo.

Su padre masticó algunos granos secos, y el maíz se hacía más suave cada vez. Era dulce y sabroso.

—Está bueno —dijo su padre— pero es difícil de masticar.

—Voy a hervir el maíz en una olla de barro —dijo
su madre—. Puedo preparar pozole.

Cuando el pozole estuvo listo, el padre de Jade lo
probó.

—¡Qué sabroso! —exclamó. Debemos agradecer al
Espíritu de la Montaña por este alimento.

Esparcieron los granos de maíz en su parcela y
dijeron una oración de agradecimiento.

Esa tarde, el pico de la montaña se cubrió de nubes. Luego, comenzó a caer una suave lluvia. Más tarde en la temporada el maíz comenzó a brotar de la tierra.

Las espigas del maíz florearon. Luego, salieron delicadas mazorcas en los tallos.

—Elotes —dijo Jade cuando cortó el maíz. Esa noche comieron maíz, frijoles y calabaza con chile rojo.

Cuando el maíz se secó, Jade puso algunos granos en un metate y los aplastó con la mano de piedra del metate para hacer harina. Luego, le puso un poco de agua a la harina de maíz.

La mezcla estaba espesa, como masa.

—Masa —dijo Jade. Palmeó la masa hasta que se hizo plana y redonda. Luego la puso en una piedra caliente cerca del fuego.

Mientras comían, podían oler la masa cociéndose en la piedra caliente.

—¿Qué es ese aroma tan dulce? —preguntó su padre.

—¡La masa! —dijo Jade. Ahí en la piedra caliente estaba el pan recién horneado. Lo tomó y se lo ofreció a sus padres.

Su papá probó un pedazo. —Mmmh, está muy bueno.

—¡Delicioso! —exclamó su madre. ¿Cómo llamaremos a este pan?

Jade pensó por un momento. —Lo llamaré tortilla.

—Estoy orgulloso de ti, —dijo su padre.

—Debemos compartir esto con nuestros vecinos
—agregó su madre.

Los siguientes días Jade fue de casa en casa, enseñándole a las mujeres cómo hacer tortillas.

Las plantas de maíz crecieron. Las tortillas de maíz se convirtieron en el alimento favorito de la gente. Ahora los aldeanos no tenían que dejar sus casas.

Durante la fiesta de cosecha la gente tuvo una ceremonia para agradecer al Espíritu de la Montaña por haberles dado el maíz. También le dieron las gracias a Jade, la niña que había hecho la primera tortilla.

Receta de tortilla de maíz

Las tortillas son el pan de México. Se usan en platillos Tex-Mex clásicos como tacos y tostadas. Pide a un adulto que te ayude a preparar esta receta en casa.

Ingredientes

- 2 tazas de masa harina (una harina tradicional de harina de maíz)
- 1 cucharada de sal de mar
- ¼ de taza de polvo para hornear
- 2 tazas de agua caliente
- 1 cucharada de aceite

En un recipiente grande, mezcla la harina de maíz, la sal, el polvo para hornear, el agua caliente y el aceite.

Mezcla los ingredientes hasta que la masa se pegue y no se separe.

Amasa la masa hasta que forme una pelota grande. Debe ser suave y no pegajosa. Cúbrela y déjala reposar por unos dos minutos. Haz bolitas con la masa y usa un rodillo para extender cada bolita hasta formar un círculo plano y delgado.

Pide a un adulto que caliente un sartén de hierro.

Pide a un adulto que cocine las tortillas hasta que ambos lados estén de color dorado.

Puedes comer tus tortillas con carne, queso rallado o solas.

La receta prepara aproximadamente 12 tortillas.

Glosario

jade	una piedra semipreciosa del antiguo México
rebozo	un chal que usan las mujeres mexicanas
pozole	una sopa con masa y carne
elote	*elotl,* una palabra antigua mexicana para mazorca
metate	piedra cóncava donde se muele el maíz
mano	una piedra lisa con la que se muele el maíz para hacer harina
tortilla	pan tradicional mexicano

Objetivos

• Hacer preguntas, aclarar lo que no entiendas, localizar hechos y detalles de los cuentos que lees, y apoyar tus respuestas con evidencia. • Identificar temas en fábulas, leyendas, mitos o cuentos conocidos.

¡Imagínalo! | **Volver a contar**

CALLE DE LA LECTURA EN LÍNEA
ORDENACUENTOS
www.CalledelaLectura.com

Piensa críticamente

Leamos juntos

1. Las tortillas llegaron a ser la comida favorita de los aldeanos. ¿Cuáles son tus comidas favoritas? El texto y tú

2. ¿Por qué cuenta el autor cómo hacer una tortilla de maíz? ¿Qué lección quiere enseñar el autor? Piensa como un autor

3. ¿Qué aprenden los aldeanos al final del cuento? Tema y argumento

4. Vuelve a leer la receta de tortillas en la página 177. ¿Qué pasos necesita seguir un adulto? ¿Por qué crees que es importante? Verificar y aclarar

5. Mira de nuevo y escribe Mira de nuevo la página 169. ¿Crees que Jade es valiente? Da evidencia que apoye tu respuesta.

PRÁCTICA PARA EL EXAMEN | Respuesta desarrollada

Rudolfo Anaya

Rudolfo Anaya lleva una vida activa y quiere "hacer más" cosas. Ha visitado muchos lugares. Ha ido de pesca y escalado montañas. Ha sido profesor de universidad y es autor de libros para niños y adultos.

Amy Córdova

Amy Córdova vive en las montañas de Nuevo México. Ha ilustrado varios libros para niños y también escribe cuentos. "Cuando dibujo, mis ilustraciones narran cuentos. Con lo que escribo, hago imágenes", dice ella.

Lee otros libros sobre cambios.

El maravilloso Mago de Oz

Papelucho en vacaciones

Registro de lecturas

Usa el Registro de lecturas del *Cuaderno de lectores y escritores,* para anotar tus lecturas independientes.

179

Objetivos

• Escribir cartas breves donde pongas tus ideas en orden. • Comprender y utilizar adverbios al leer, escribir y hablar. • Escribir con mayúscula el saludo y la despedida de una carta.

Leamos juntos

¡Escribamos!

Aspectos principales de una nota para dar las gracias

● agradece a alguien

● tiene un mensaje breve

● tiene fecha, saludo y despedida

CALLE DE LA LECTURA EN LÍNEA
GramatiRitmos
www.CalledelaLectura.com

Escritura expositiva

Nota para dar las gracias

Una **nota para dar las gracias** agradece a alguien por algo que esta persona hizo. Es un tipo de carta amistosa breve. El modelo del estudiante, en la página siguiente, es un ejemplo de nota para dar las gracias.

Instrucciones Piensa en los alimentos que recibimos. Escribe una nota para dar las gracias a una persona que te ha alimentado.

Lista del escritor

Recuerda que debes...

☑ decirle a la persona por qué estás agradecido.

☑ usar mayúsculas en el saludo y la despedida.

☑ usar adverbios que indican cómo.

10 de mayo de 2011

Querida tía María:

Hoy me diste un poco de tu salsa especial. Te vi picar **cuidadosamente** tomates, pimentones y cebollas.

Gracias por preparar la deliciosa salsa y darme un poco.

Dos amigos míos cenaron en mi casa hoy. Pusimos salsa en nuestros tacos. Se terminó **rápidamente**. A todos les gustó.

Cariñosamente,

Omar

**Característica de la escritura:
Enfoque:**
El escritor se enfoca en la razón por la que escribe.

El escritor usa **adverbios** que indican cómo.

Género:
Una **nota para dar las gracias** expresa agradecimiento y tiene fecha, saludo y despedida.

Normas

Adverbios que indican cómo

Recuerda Un **adverbio** indica algo más sobre un verbo. Los adverbios que indican cómo pueden terminar en **-mente.**

rápidamente cuidadosamente amablemente

181

Objetivos

• Decir cuál es la idea principal de un texto y en qué se diferencia del tema. • Decir cuál es la idea principal de un texto y en qué se diferencia del tema. • Usar las características de un texto para localizar información.

Ciencias en Lectura

Género
Texto expositivo

- El texto expositivo da una explicación acerca de un animal, lugar, objeto, cosa o idea.

- El texto expositivo provee hechos y detalles.

- El texto expositivo usualmente tiene gráficas tales como dibujos y diagramas.

- Lee "El viento". Busca los elementos del texto expositivo en esta selección.

El viento

por Marion Dane Bauer

El planeta Tierra es como una bola dando vueltas. Cuando la Tierra da vueltas, el aire a su alrededor también se mueve.

182

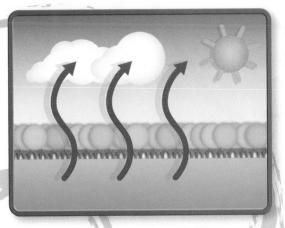

Cuando el aire se mueve, lo llamamos "viento". A medida que el sol calienta el aire, el aire se vuelve más ligero. El aire ligero se eleva.

Pensemos...

¿Qué hechos aprendimos acerca del aire caliente y el aire frío en esta página? **Texto expositivo**

El aire frío es pesado. Va hacia abajo. El aire frío y el aire caliente siempre intercambian de lugar. Llamamos a este movimiento "viento".

Las aves usan el viento como ayuda para volar. Las plantas usan el viento para transportar sus semillas.

Pensemos...

¿Para quién es importante el viento? **Texto expositivo**

Usamos el viento para volar cometas, para navegar en botes de vela y para mover los molinos de viento.

Pensemos...

¿Cuáles son algunas maneras diferentes en que la gente usa el viento? **Texto expositivo**

El viento mueve las nubes. El viento forma las olas. También hace que los árboles se doblen. Cuando el aire caliente es muy ligero y el aire frío es muy pesado, ¡el viento puede formar una tormenta!

A veces el aire da vueltas como un cachorrito persiguiendo su cola. Un giro pequeño forma un torbellino de polvo o una tromba marina. Un giro fuerte puede ocasionar un tornado o un huracán.

torbellino de polvo

tornado

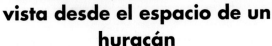

vista desde el espacio de un huracán

El viento puede dar miedo o cantar una melodía suave. El viento está a nuestro alrededor pero no podemos verlo. Sólo podemos ver lo que hace.

Pensemos...

Relacionar lecturas ¿Qué características del viento tenía el Espíritu de la montaña de *La primera tortilla*?

Escribir variedad de textos
Escribe un párrafo explicando tu respuesta.

Leamos juntos

¡Aprendamos!

CALLE DE LA LECTURA EN LÍNEA
ACTIVIDADES DE VOCABULARIO
www.CalledelaLectura.com

Vocabulario

Prefijos

Estructura de palabras Un **prefijo** es una parte de palabra que se agrega al final de una palabra. Puede usar prefijos para determinar el significado de una palabra.

Recuerda, el prefijo *des-* usualmente significa "no", y el prefijo *re-* usualmente significa "otra vez".

¡Practícalo! Lee y escribe cada palabra. Usa los prefijos para determinar los significados, luego escríbelos.

**desacuerdo   desanimado
releer   repasar**

Fluidez

Expresión y entonación

Cuando lees en voz alta, haz que tu voz se escuche como si estuvieras hablando. Levanta la voz al final de las preguntas. Muestra emociones fuertes cuando lees una exclamación.

¡Practícalo! Lee cada grupo de oraciones usando expresión y entonación.

1. Todos se preguntaban que pasaría después. ¿Se resolvería el misterio?

2. El cielo está nublado y oscuro. ¿Piensas que lloverá?

186

Escuchar y hablar

Prepárate para el tercer grado

Vuelve a contar las ideas importantes cuando resumas un cuento.

Dar un resumen oral

Cuando haces el resumen de un cuento, vuelves a contarlo en tus propias palabras. Vuelves a contar solamente las partes más importantes. Habla claramente y despacio para que las demás personas te entiendan.

¡Practícalo! Escoge uno de los cuentos que acabas de leer. Trabaja con un compañero para hacer un resumen del cuento. Usa palabras descriptivas como ayuda para hacer tu resumen para la clase. Espera tu turno y habla claramente. Se cortés cuando tu compañero resume parte del cuento. Escucha y no interrumpas.

Sugerencias

- Recuerda que un resumen es más corto que un cuento. El resumen dice solamente las ideas importantes.

- Usa palabras transitorias de tiempo y orden en tu resumen para volver a contar el cuento en secuencia.

¿Qué significa ser responsable?

Responsibilidad

Vocabulario Oral

Hablemos sobre

La responsabilidad

- Comenta la información sobre la comunicación con y la ayuda a otros.

- Comenta tus ideas sobre el respeto del uno al otro.

CALLE DE LA LECTURA EN LÍNEA
VIDEO DE HABLAR DEL CONCEPTO
www.CalledelaLectura.com

190

¡Has aprendido 1 6 1 palabras asombrosas este año!

191

Objetivos

• Decodificar palabras donde se combinan dos vocales para formar un sonido; y palabras donde se encuentran dos vocales juntas, pero éstas pertenecen a sílabas diferentes.

¡Imagínalo! Sonidos para aprender

cereal

ea

leer

ee

canoa

oa

zoológico

roer

oo

oe

CALLE DE LA LECTURA EN LÍNEA
TARJETAS DE SONIDOS Y GRAFÍAS
www.CalledelaLectura.com

Fonética

Hiatos *ae, ao, ea, ee, eo, oa, oe, oo*

Sonidos y sílabas que puedo combinar

id**ea**

tr**ae**r

cer**ea**l

aeronave

l**ee**r

Oraciones que puedo leer

1. La aeronave es muy rápida.

2. Es una buena idea leer todos los días.

3. Podemos traer cereal a la escuela.

192

¡Ya puedo leer!

En el ensayo de la obra de la escuela, el maestro dijo que teníamos que creer que en verdad éramos el personaje. De tarea nos puso a leer nuestra parte. Entonces comencé a practicar. En la asamblea me tocó recitar el poema del día. Así que me imaginé que era una poeta importante que estaba en un teatro ante muchas personas. Cuando mi mamá me mandó a traer el correo, me imaginé que era la guía de un museo. Aunque sé que no es real, esto me da ideas al ensayar.

Has aprendido

- Hiatos *ae, ao, ea, ee, eo, oa, oe, oo*

Objetivos

• Hacer preguntas, aclarar lo que no entiendas, localizar hechos y detalles de los cuentos que lees, y apoyar tus respuestas con evidencia. • Decir cuál es la idea principal de un texto y en qué se diferencia del tema.

¡Imagínalo!

Destreza

Estrategia

CALLE DE LA LECTURA EN LÍNEA
ANIMACIÓN DE ¡IMAGÍNALO!
www.CalledelaLectura.com

Destreza de comprensión

Hechos y opiniones

• Un hecho puede comprobarse como verdadero o falso. Puedes comprobar un hecho leyendo un libro, preguntando a alguien, o viéndolo por tí mismo.

• Una opinión indica los sentimientos o ideas de alguien. No puede comprobarse como verdadera o falsa.

• Usa lo que has aprendido sobre cómo localizar hechos y opiniones y completa un organizador como el siguiente, mientras lees "Mi tío, el bombero".

Hechos	Opiniones

Estrategia de comprensión

Ideas importantes

El buen lector siempre halla las ideas importantes. Éstas pueden ayudarte a comprender un cuento. Busca las ideas importantes mientras lees. A veces las ilustraciones o los pies de ilustración muestran ideas importantes. También pueden estar en los títulos.

194

Mi tío, el bombero

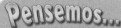

Mi tío Ernie tiene mucho trabajo como bombero en nuestro pueblo. Apaga incendios en pastizales y en casas. Ayuda en accidentes de tránsito. Salva personas.

Estrategia
¿Qué idea importante del cuento sabes por el título?

Una mañana, mi tío Ernie me llevó a la estación de bomberos. La estación de bomberos tenía un camión de mangueras y un camión con escaleras. Tío Ernie me permitió probarme su pesada chaqueta, su casco y sus botas. ¡Me pude subir a la parte trasera del camión de bomberos! Luego los bomberos tuvieron un simulacro. Practicaron con sus mangueras.

Más tarde, un bombero llamado Jack me contó una historia. "Tu tío es muy valiente", dijo Jack. "Entró en una casa en llamas para sacar a la gente. Cuando vio que el perro estaba adentro, volvió para rescatarlo". Yo estaba muy orgulloso de mi tío Ernie.

Destreza ¿Qué hecho acabas de leer? ¿Cómo puedes comprobarlo? ¿Qué opinión tiene Jack acerca del tío Ernie?

Me gustó visitar la estación de bomberos. Tío Ernie es un gran bombero.

¡Es tu turno!

¿Necesitas repasar? Mira el *¡Imagínalo!: Cuaderno de práctica* para obtener ayuda adicional con hechos y opiniones e ideas importantes.

Pensemos...

¡Inténtalo! Mientras lees *¡Bomberos!*, usa lo que has aprendido para entender el texto.

quemada

máscaras

edificio

**rápidamente
rugido
sujetas**

Estrategia de vocabulario para

🎯 Sufijo *-mente*

Claves del contexto Cuando lees, es posible que veas una palabra que no conoces. Mira si tiene un sufijo. ¿Ves *-mente* al final de la palabra? Cuando se le agrega *-mente* a una palabra, usualmente hace que signifique "en una manera _____". Por ejemplo, *felizmente* significa "en una manera feliz".

1. Pon tu dedo sobre el sufijo *-mente*.

2. Mira la raíz de la palabra. Pon la raíz de la palabra en la frase "en una manera _____".

3. Usa ese significado en la oración. ¿Tiene sentido?

Lee "Una excursión a la estación de bomberos". Busca palabras que terminan en *-mente*. Usa el sufijo para ayudarte a entender el significado de las palabras.

Palabras para escribir Vuelve a leer "Una excursión a la estación de bomberos". ¿Qué le podría pasar a Carlos después? Escribe un cuento sobre lo que podría pasar. Usa palabras de la lista de *Palabras para aprender*.

UNA EXCURSIÓN A LA ESTACIÓN DE BOMBEROS

Carlos es bombero. Algunos niños han ido de excursión al edificio donde está su estación de bomberos. Él señala dónde duermen y comen los bomberos. Carlos se desliza por el poste. —Así es como vamos rápidamente de nuestras camas a los camiones de bomberos —dice.

—Usamos mangueras para rociar agua en el incendio —dice—. Las mangueras pueden ser muy pesadas cuando se llenan de agua. Tenemos que asegurarnos de que las mangueras estén fuertemente sujetas.

—Las llamas dan mucho humo —les dice Carlos a los niños—. Tenemos que ponernos tanques de aire y máscaras si entramos en un incendio. Usamos máscaras para respirar aire limpio.

Carlos les muestra a los niños su ropa gruesa, sus botas pesadas y casco duro. —Éstos me protegen de las cosas que se pueden caer en una casa quemada.

De repente, ¡suena la alarma! Carlos se despide de los niños. Se pone la ropa y sube al camión de bomberos. Con un fuerte rugido, el camión de bomberos sale velozmente.

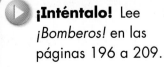

¡Es tu turno!

⏸ **¿Necesitas repasar?** Para obtener ayuda adicional sobre el uso de sufijos para determinar el significado de las palabras, mira la sección *¡Palabras!,* en la página P.6.

Pensemos...

▶ **¡Inténtalo!** Lee *¡Bomberos!* en las páginas 196 a 209.

La **no ficción literaria** cuenta sobre un suceso o una serie de sucesos verdaderos. Busca sucesos verdaderos en el día de un bombero.

¡Bomberos!

por Angela Royston

Pregunta de la semana

¿Por qué debemos ser responsables de hacer bien nuestro trabajo?

¡Pensemos en la lectura!

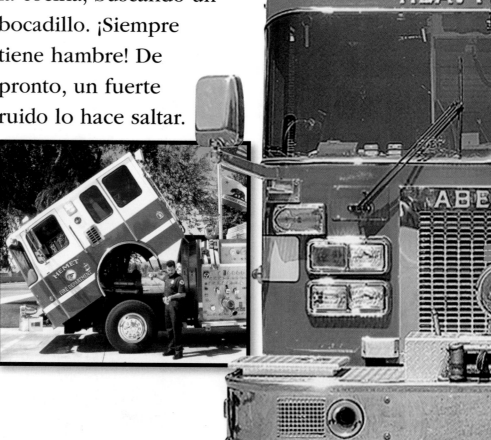

Hay mucho que hacer en la estación de bomberos, aun cuando no hay un incendio. Liz revisa las mangueras. Se asegura que estén bien sujetas al camión, o bomba de incendios.

Dani limpia las ruedas del camión de bomberos. Anthony está arriba en la cocina, buscando un bocadillo. ¡Siempre tiene hambre! De pronto, un fuerte ruido lo hace saltar.

Pensemos...

¿Qué piensas que pasará a continuación? ¿Por qué piensas así? Lee para confirmar tu predicción. **Predecir y establecer propósitos**

¡Ring!
¡Ring!
¡Ring!

¡Es la alarma de incendio! Anthony se desliza por el poste.

¡TSSSAS!

Aterriza con fuerza, pero la gruesa almohadilla de hule que está en el piso le protege los pies.

Pensemos...

¿Cómo reaccionan los bomberos cuando suena la alarma? **Ideas importantes**

Liz se pone rápidamente las botas y los pantalones a prueba de fuego. Revisa la computadora, que indica que el incendio es en el número 7 de la calle Oak Lane. En el camión, Liz toma el *walkie-talkie*.

—¡Jefe Miller! ¡Vamos en camino!

—¡Muy bien! —dice el jefe de bomberos.

Él se ha adelantado en un carro rápido especial. —Allá nos vemos.

Liz enciende el motor mientras los bomberos suben. Enciende las sirenas y las luces y sale de la estación de bomberos. El camión va a toda velocidad hacia el incendio.

Los carros y los autobuses se detienen y esperan cuando oyen que se acerca la sirena.

El jefe de bomberos llama a Liz. —Estoy en el lugar del incendio. Es una casa antigua que ha estado desocupada por años. Pero alguien vio a un muchacho jugando en la terraza esta mañana. Puede estar dentro del edificio. Dile a Dani y a Anthony que preparen los tanques de aire.

—De acuerdo, jefe —dice Liz—. Veo el humo desde aquí. Estaremos allá en dos minutos.

Pensemos...

Además del incendio, ¿cuál es el otro problema en este cuento?

Ideas importantes

Liz dobla la esquina hacia Oak Lane. Las llamas cubren el techo de la casa.

El incendio se extiende rápidamente. ¡No hay tiempo que perder! Liz engancha una manguera del camión a la boca de incendio más cercana. Una bomba del camión saca agua de la boca de incendio hacia otra manguera. Liz y otro bombero apuntan con la manguera a las llamas. —¡Listo! —grita Liz.

¡SSHASSH!

Ambos se sujetan bien al salir el agua. El agua de la manguera para incendios sale con tanta fuerza que puede derribar a una persona.

Pensemos...

¿Qué muestra esta ilustración sobre cómo arde un incendio?

◉ **Ideas importantes**

Pensemos...

Tres bomberos están sujetando la manguera. ¿Qué quiere decirte esto sobre la manguera?

◉ **Ideas importantes**

206

Anthony y Dani están listos para registrar la casa quemada. Se pusieron sus tanques de aire y las máscaras. Cada tanque contiene aire para 40 minutos. ¡No es mucho tiempo!

—El nombre del joven es Luke —les dice el jefe.

—Bien —dice Anthony mientras agarra una manguera.

—¡Coloquemos las cosas mojadas sobre las cosas rojas! —dice Dani.

Dani y Anthony corren a la parte de atrás de la casa. El incendio no está tan fuerte allá. Dani toca la puerta trasera. Si está caliente, las llamas pueden asomarse con fuerza. —Está fría —dice Dani. Y entran a la casa.

Hay un espeso humo negro en todas partes. Anthony alumbra todo con su linterna. —¡Luke! ¡Luke! —grita. Nadie responde.

—Puedo escuchar el incendio arriba —dice Dani.

El incendio ha dañado la escalera. Se puede caer en cualquier momento, así que suben lentamente.

Pensemos...

Éste es un buen lugar para hacer una pregunta, como ¿por qué los bomberos tocan la puerta?
Preguntar

207

Afuera, los soportes externos están instalados sobre el suelo. Los soportes externos son como piernas. Mantienen estable el camión mientras se eleva la escalera. La escalera sube como un telescopio hasta el techo de la casa. Una manguera va junto a la escalera. El bombero que está en la escalera dirige el agua hacia el incendio. Las llamas crujen y silban. Se achican y de repente se elevan aún más.

Dentro de la casa, el incendio arde. Hace tanto calor que el vidrio se derrite. Anthony rocía agua sobre las llamas. El fuego ha debilitado la casa.

—Puede caerse en cualquier momento —dice Dani—. Tenemos que encontrar a Luke.

¡BUUUM! Una viga cae cerca de ellos. Pero los cascos protegen sus cabezas. ¡CRASH!

—¡Rápido! —dice Anthony—. Se nos acaba el tiempo.

Van hacia otra puerta. Pero no se abre. Dani golpea la puerta con su hacha. Una, dos, tres veces. —¡Está atascada! —grita Dani. El rugido del fuego es tan fuerte que apenas escuchan—. Tenemos que usar la sierra eléctrica.

Anthony enciende la sierra. ¡BURRR! Hace un agujero grande en la puerta para poder entrar.

—¡Luke! —grita Dani—.

De pronto, el jefe los llama: —¡Salgan pronto! ¡El techo se va a caer!

Dani y Anthony bajan corriendo la escalera. Salen justo cuando el techo se cae. —¡No encontramos a Luke! —grita Dani.

—Él está bien —dice el jefe—. Lo encontramos a una cuadra de aquí.

—¡Ufff! —dice Dani—. ¡Qué buena noticia!

Horas más tarde las llamas se apagan. Anthony rocía agua en las partes que aún están ardiendo. Está cansado y sucio… ¡y tiene mucha hambre!

Liz enrolla las mangueras en el camión. Finalmente, es hora de descansar. Ella también está cansada. De vuelta en la estación, Anthony se sienta a comer. —¡Al fin! —dice.

De pronto, un fuerte ruido lo hace saltar.

—¡La cena tendrá que esperar! —ríe Dani.

¡Ring! ¡Ring! ¡Ring!

Practica F.U.E.R.A (Facilita Un Escape Rápido Ahora)

¿Sabes lo que debes hacer en caso de un incendio en tu casa? No esperes a que eso ocurra:

- Conversa ahora con tu familia.

- Hablen sobre cómo pueden salir de la casa.

- Planeen al menos dos maneras de salir de cada habitación.

- Decidan dónde se encontrarán una vez que salgan de la casa.

¡Un ensayo de incendio ahora puede salvar vidas después!

Pensemos...

¿Por qué la autora te pide que practiques F.U.E.R.A.?
◉ **Ideas importantes**

¡Imagínalo! | **Volver a contar**

CALLE DE LA LECTURA EN LÍNEA
ORDENACUENTOS
www.CalledelaLectura.com

Piensa críticamente

1. Este cuento cuenta sobre un día de un bombero. ¿Cómo ayudan los bomberos a la gente de la comunidad? **El texto y el mundo**

2. ¿Por qué el autor cuenta sobre un incendio real? **Pensar como un autor**

3. Busca un hecho en la página 208. ¿Cómo puedes saber que es un hecho? **Hechos y opiniones**

4. ¿Cuál es la idea importante en la página 208? ¿Qué detalles apoyan esta idea? **Ideas importantes**

5. Mira de nuevo y escribe Mira de nuevo la página 207. ¿Tienen los bomberos cuidado mientras buscan a Luke? ¿Cómo sabes que éste no es un cuento de ficción? Da evidencia que apoye tu respuesta.

PRÁCTICA PARA EL EXAMEN | **Respuesta desarrollada**

212

Angela Royston

Angela Royston escribe libros sobre todo tipo de cosas. Ha escrito sobre animales, plantas, barcos, trenes, camiones, carros y ciencias. Royston nació en Inglaterra y estudió muchas cosas diferentes en la escuela. "Me siento capaz de abordar casi cualquier tema", dice ella. "Lo que más me gusta es trabajar en libros que sean divertidos". A ella le gusta leer todo lo que puede sobre lo que va a escribir.

Lee otros libros sobre el tema.

¿A quién le toca?

The Bakery Lady/
La señora de la panadería

Usa el Registro de lecturas del *Cuaderno de lectores y escritores*, para anotar tus lecturas independientes.

Leamos juntos

¡Escribamos!

Aspectos principales de una narración informativa

- cuenta algo sobre personas o sucesos reales

- por lo general muestra los sucesos en el orden en que pasaron

CALLE DE LA LECTURA EN LÍNEA
GramatiRitmos
www.CalledelaLectura.com

Narración informativa

Una narración informativa cuenta sobre personas reales y cosas que sucedieron en realidad. El modelo del estudiante, en la página siguiente, es un ejemplo de narración informativa.

Instrucciones Piensa en otros trabajadores comunitarios. Escribe una narración informativa para contar cómo una de esas personas hace su trabajo.

Lista del escritor

Recuerda que debes...

☑ contar lo que hace un trabajador en la vida real.

☑ incluir verbos expresivos y sustantivos exactos.

☑ decir y escribir los pronombres correctamente.

214

El señor Cooper es cartero. Él trabaja en mi vecindario. Nosotros le enviamos una carta y un paquete a la señora Gavin, que vive lejos de nuestra casa.

Aunque el frío lo haga temblar y la lluvia lo empape, el señor Cooper entrega la correspondencia. Eso pasó la semana pasada. Él caminó mucho y colocó las cartas en los buzones donde tenían que ir. La señora Gavin se alegró al recibir el paquete.

El **pronombre él** se refiere al señor Cooper. **Nosotros** también es un pronombre.

Género: Esta **narración informativa** cuenta algo sobre un trabajador de la vida real.

Característica de la escritura: Lenguaje: El escritor incluye verbos descriptivos (temblar, empape) y sustantivos exactos (buzones).

Normas

Pronombres

Recuerda El **pronombre** es una palabra que sustituye a uno o a varios sustantivos. Las palabras **yo, tú , él, nosotros, ustedes** y **ellos** son pronombres.

215

Género

Obra de teatro

- Una obra de teatro es otra manera de decir obra dramática.

- Una obra de teatro es un cuento que se representa con actores.

- Una obra de teatro tiene personajes que dicen palabras llamadas diálogo.

- Una obra de teatro tiene un ambiente y un argumento.

- Lee "Estación de bomberos". Busca los elementos que hacen a este cuento una obra de teatro.

BOMBEROS

TRABAJO EN EQUIPO

una obra de teatro de Connie Carpenter

PERSONAJES:

Bombera Kelly (B KELLY)

Bombero Sánchez (B SÁNCHEZ)

Bombero Johnson (B JOHNSON)

Jefe

Tres o cuatro miembros del consejo

Escenario: Una estación de bomberos.

(Una bombera barre. Otro lava los platos. Otro duerme.)

ESTACIÓN Nº3

B KELLY: *(barriendo)* ¡Por Dios, qué sucia está esta estación de bomberos!

B SÁNCHEZ: *(lavando los platos)* Sí, todos debemos limpiar el lodo y la tierra que traemos. ¡El último incendio fue un desastre!

B KELLY: Parece que Johnson trabajó mucho. Tuvo que enrollar casi toda la manguera él solo. ¡Es mucho trabajo! Seguramente está arriba durmiendo la siesta.

(Suena el teléfono.)

B KELLY: *(deja de barrer)* Yo contesto. *(toma el teléfono)* Soy la bombera Kelly.

JEFE: *(voz desde fuera del escenario)* Bombera Kelly, soy el jefe.

B KELLY: Sí, jefe. ¿Qué sucede?

JEFE: El consejo municipal va a hacernos hoy una inspección. ¿Está todo en orden?

B KELLY: Lo estará, jefe. Si trabajamos en equipo, tendremos todo en perfectas condiciones para la inspección.

JEFE: ¡Muy bien! Llevaré al consejo de inmediato.

B KELLY: ¡Correcto! ¡Adiós, jefe! *(cuelga el teléfono)* ¡Tenemos un grave problema!

Pensemos...

¿Quiénes son los personajes que hablan en esta página. ¿Cómo lo sabes? **Obra de teatro**

Pensemos...

¿Cómo se ha usado el diálogo hasta el momento? **Obra de teatro**

B SÁNCHEZ: ¿Qué sucede? ¿Un incendio, un accidente?

B KELLY: ¡No! El jefe trae al consejo municipal para hacernos una inspección, ahora mismo.

B SÁNCHEZ: ¡Oh, no! ¡Hay que apurarse!

B KELLY: ¿Tendimos las camas?

B SÁNCHEZ: Johnson está arriba. ¿Crees que él las tendió?

B KELLY: ¡Mejor subamos y revisemos! *(Los dos bomberos suben corriendo la escalera. El bombero Johnson está tendido sobre la cama, roncando.)*

B KELLY: *(mira las camas)* ¡Tal como lo pensé! ¡No están tendidas!

B SÁNCHEZ: ¡Johnson, despierta!

B JOHNSON: ¿Qué? ¿Qué sucede? *(despierta y se levanta)* ¿Qué pasa?

B SÁNCHEZ: *(empieza a hacer la cama)* Tenemos que apurarnos. El jefe trae al consejo municipal para hacernos una inspección.

B JOHNSON: ¡Una inspección! ¡Ay, no! Tenemos que ordenar este lugar. *(empieza a hacer la cama)*

Pensemos...

¿Qué hacen los bomberos en esta parte de la obra de teatro? ¿Por qué?

Obra de teatro

B KELLY: Yo traigo la escoba. Necesitamos darle una barrida. Usaré el poste. Es más rápido. *(se desliza por el poste)*

(Suena la alarma de incendio.)

B JOHNSON: ¡La alarma!

B SÁNCHEZ: Esta limpieza tendrá que esperar. *(Los bomberos se deslizan por el poste y se ponen su equipo. El bombero Sánchez revisa el tablero de incendios para saber dónde es el incendio y apaga la alarma.)*

B SÁNCHEZ: ¡Listo! Ya apagué la alarma. El incendio es en el 422 de la calle East Jay. ¡Vamos! *(Los bomberos salen; la sirena del camión de bomberos se escucha cada vez más lejos.) (Llega el jefe con los miembros del consejo.)*

JEFE: *(mirando a su alrededor)* ¡Este lugar se ve fantástico! ¿Kelly, Johnson, Sánchez? *(El jefe mira el tablero de incendios para saber adónde fueron los bomberos. Se vuelve hacia los miembros del consejo.)* Parece que se fueron a otro incendio. Bueno, ése es nuestro cuerpo de bomberos. Trabajan muchísimo, tanto en la estación de bomberos como en la comunidad.

Pensemos...

Relacionar lecturas ¿Qué aprendiste acerca de estos trabajos? ¿Qué trabajo es el más importante en tu opinión?

Escribir variedad de textos Escribe un párrafo breve para explicar tu respuesta.

Objetivos

• Leer palabras con prefijos y sufijos comunes. • Usar prefijos y sufijos para descifrar el significado de las palabras. • Entender los propósitos de los diferentes medios de comunicación. • Escuchar con atención a los hablantes y hacer preguntas que te ayuden a entender mejor el tema.

Leamos juntos

¡Aprendamos!

CALLE DE LA LECTURA EN LÍNEA
LIBRO DEL ESTUDIANTE EN LÍNEA
www.CalledelaLectura.com

Vocabulario

Sufijos

Estructura de la palabra Un **sufijo** es la parte de una palabra que se agrega al final de ésta. El lector puede usar el sufijo como ayuda para determinar el significado de una palabra.

calor   caluroso

El sufijo **-oso** u **-osa** significa "lleno o llena de". **Caluroso** significa "lleno de calor".

¡Practícalo! Agrega -oso u -osa a cada palabra. Escribe la nueva palabra y su significado.

gusto   temor   sudor   gracia

Fluidez

Leer con precisión Al leer, lee las palabras que ves. No digas palabras diferentes. No omitas ninguna palabra. Lee como si estuvieras hablando.

¡Practícalo! Espera tu turno para leer cada oración en voz alta con un compañero.

1. El parque es un grandioso lugar para jugar beisbol. ¿Has jugado últimamente?

2. Mi gato Motita debe tener hambre. Mira a Motita viendo la pecera.

3. Estaba tan cansada que me quedé dormida durante la película.

Lectura y medios de comunicación

Describe cómo los medios de comunicación nos informan acerca de la cultura.

Describir técnicas de los medios de comunicación

Los medios de comunicación son un recurso informativo sobre la cultura, es decir, la manera en que vive la gente. Puedes aprender acerca de tu propia cultura o de otras culturas. Puedes ver en que se parecen o se diferencian tus actividades. Quizá juegas fútbol. Muchos niños alrededor del mundo juegan fútbol. Esa es una manera en que todos ustedes se parecen. Puedes usar los medios de comunicación para averiguar otras maneras en que se parecen o se diferencian.

¡Practícalo! Trabaja en grupos. Busca algunos artículos sobre algún día feriado, como por ejemplo el Día de la Independencia. Averigua cómo celebran otras personas este día feriado. ¿Celebras de la misma manera? ¿Qué haces que es diferente? Con la clase información acerca de este día feriado y las maneras en que celebra la gente. Recuerda escuchar con atención cuando otras personas hablan.

Sugerencias

- Reconoce los propósitos informativos de los medios de comunicación.
- Cuando hablas a la clase, usa una voz más alta que cuando hablas en un grupo pequeño de amigos.

Vocabulario Oral

Hablemos sobre

Miembros responsables de la comunidad

- Comenta la información sobre miembros de la comunidad resolviendo problemas.

- Comenta tus ideas sobre miembros de la comunidad ayudándose y respetándose los unos a los otros.

CALLE DE LA LECTURA EN LÍNEA
VIDEO DE HABLAR DEL CONCEPTO
www.CalledelaLectura.com

222

¡Has aprendido

1 6 9

palabras asombrosas
este año!

Fonética

Prefijos *in-, im-, des-, re-*

¡Imagínalo! | Sonidos para aprender

imperfecto

im-

desenvolver

replantar

des-

re-

incorrecto

in-

Sonidos y sílabas que puedo combinar

releer

reemplazar

descolgar

incómodos

impaciente

Oraciones que puedo leer

1. Estos zapatos son muy incómodos.

2. Hugo es impaciente y no le gusta releer.

3. Vamos a descolgar este cuadro y lo vamos a reemplazar.

¡Ya puedo leer!

Parecía imposible llegar a tiempo a clases. Eran las 7:00 de la mañana y Luisa estaba despeinada con la chaqueta desabrochada y sin haber descolgado su mochila. Su mamá, impaciente, y la volvió a llamar. Luisa estaba inmóvil frente al espejo. Su mamá recalentó la leche y la volvió a llamar. Era inútil, Luisa no bajaba. Su papá reinició el carro y la llamó desde la cochera. ¡Luisa! En eso llegó Luisa y se disculpó. Dijo que se había cambiado de ropa porque el pantalón desteñido que había escogido, era muy incómodo para jugar en el recreo.

Has aprendido

- Prefijos in-, im-, des-, re-

225

Objetivos

• Establecer un propósito para leer y hacer correcciones cuando no entiendas lo que estás leyendo.

• Verificar tu comprensión y hacer correcciones cuando no entiendas lo que lees.

¡Imagínalo!

Destreza

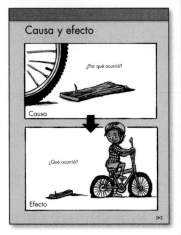

Causa y efecto

¿Por qué ocurrió?

Causa

¿Qué ocurrió?

Efecto

Estrategia

Visualizar

CALLE DE LA LECTURA EN LÍNEA
ANIMACIÓN DE ¡IMAGÍNALO!
www.CalledelaLectura.com

Destreza de comprensión

🎯 Causa y efecto

• Mientras lees, busca qué sucedió y por qué sucedió.

• Las palabras clave te ayudan a descubrir qué sucedió y por qué. *Porque, por tanto,* y *ya que* son palabras clave.

• Usa lo que has aprendido sobre causa y efecto y completa un organizador gráfico como este, mientras lees "Prepara un cartel".

Qué sucedió	Por qué sucedió

Estrategia de comprensión

🎯 Visualizar

Mientras el buen lector lee, imagina en su mente cómo se ve, suena, se siente, sabe o huele algo. Imaginar detalles sensoriales puede ayudarte a comprender lo que lees. También hace la lectura más divertida. Cuando leas, crea detalles sensoriales en tu mente.

Prepara un cartel

Meg vio un problema en el área de juego de su escuela. Nadie jugaba en el columpio porque el columpio estaba roto. Se lo comentó a un maestro.

Jesse también vio un problema. Él quería que la gente de su localidad reciclara en vez de arrojar residuos. Quería contárselo a muchas personas a la vez, por tanto decidió preparar un cartel. Un cartel es un letrero grande. Se usan palabras e imágenes para dar un mensaje.

Destreza
¿Qué causó que Jesse preparara un cartel? ¿Qué efecto tuvo el cartel?

Para hacer un cartel, necesitas un papel grande o cartón, marcadores o pintura, y un lápiz. Primero, decide qué mensaje irá en tu cartel. Luego, planifica tu cartel con un lápiz. Así puedes borrar si cometes una equivocación. Después, colorea o pinta sobre los trazos de lápiz. Puedes dibujar o cortar imágenes para ilustrar tu cartel. Por último, pregunta a un adulto antes de colgar tu cartel.

Estrategia
Visualiza el proceso para preparar un cartel. Piensa cómo el poster lucirá después de cada paso.

¡Es tu turno!

⏸ ¿Necesitas repasar? Mira el *¡Imagínalo!: Cuaderno de práctica* para obtener ayuda adicional sobre causa y efecto y visualizar.

▶ ¡Inténtalo! Mientras lees *Carlos Quejoso*, usa lo que has aprendido sobre causa y efecto y visualizar.

Objetivos
• Poner palabras en orden alfabético y usar un diccionario o un glosario para buscar palabras.

¡Imagínalo! | Palabras para aprender

P.M.

se encoge

firma

gruño
me quejo
municipal

Estrategia de vocabulario para

Destrezas con el diccionario

Diccionario/Glosario Cuando lees, puedes encontrarte una palabra que no conoces. Cuando usas un diccionario o glosario, es posible que encuentres más de una definición o significado. Recuerda, un glosario es como un diccionario, pero se encuentra al final de algunos libros. Las palabras en un diccionario o glosario están en orden alfabético.

1. Usa las palabras guía en la parte de arriba de cada página para encontrar la entrada para la palabra.

2. Lee todos los significados que dan para la palabra.

3. Escoge el significado que más sentido tiene en la oración.

Lee "Solución de seguridad". Usa un diccionario o glosario para encontrar los significados de las palabras desconocidas.

Palabras para escribir Escribe una carta al alcalde para pedirle que ponga una señal de alto en la esquina de la casa de Jamie. Usa palabras de la lista de *Palabras para aprender*.

SOLUCIÓN DE SEGURIDAD

Al entrar Jamie y Anton a la casa, la mamá de Jamie estaba en el teléfono. Ella estaba diciendo —¡No es nada seguro!

—¿Qué le pasa a tu mamá? —Anton murmura. Jamie se encoje de hombros. Luego, la mamá de Jamie cuelga el teléfono.

—Mamá, ¿qué pasa? —pregunta Jamie.

La Señora Johnson acaba de llamar. ¡A su hijito casi lo atropella un carro en nuestra propia calle!

—Eso es terrible —dice Anton.

—Sí, los carros pasan muy rápido por aquí. Incluso hasta a las 10:00 P.M.! —dice ella—. Siempre gruño y me quejo. Ojalá hubiera algo que pudiera hacer.

Jamie tiene una idea. Pero no quiere molestar a su mamá hablando demasiado. Finalmente, se decide a hablar.

—Tengo una idea —dice Jamie—. Necesitamos poner una señal de alto en nuestra esquina. Así, los carros no podrán ir a gran velocidad.

—¡Ésa es una idea muy buena! —dice la mamá de Jamie—. Escribiremos una petición para una señal de alto. Le pediremos su firma a la Señora Johnson. También se la pediremos a otros vecinos. Luego llevaremos la petición a la oficina municipal. La mamá de Jamie le da un abrazo grande y dice —¡Puede que ésta sea la solución!

¡Es tu turno!

⏸ ¿Necesitas repasar? Para obtener ayuda adicional sobre destrezas con el diccionario, mira la sección *¡Palabras!*, en la página P.13.

▶ ¡Inténtalo! Lee *Carlos quejoso* en las páginas 230 a 247.

Carlos Quejoso

por Michelle Knudsen
ilustrado por Maryann Cocca-Leffler

Género La **ficción realista** cuenta sobre sucesos inventados que podrían ocurrir en la vida real. En este cuento leerás sobre un niño que ayuda a su comunidad.

Pregunta de la semana

¿Cómo podemos ser miembros responsables de la comunidad?

Mis amigos dicen que me quejo de todo. Y hasta me llaman Carlos Quejoso.

Pero vaya, ¡es que algunas cosas son tan molestas!

Como la música de los comerciales de televisión que se te queda pegada en la cabeza. Y cuando te cortas con papel.

Son las cinco de la tarde, la hora en que cierran el parque público.

—Las cinco de la tarde es demasiado temprano para que el parque cierre —me quejo por millonésima vez.

Doblamos y bajamos por la calle de Dino.

—Por lo menos tenemos un parque municipal

—dice Dino—. Mira…

—Ya sé, ya sé —digo riendo—. ¡Mira el lado positivo!

Dino se empieza a reír.

—¡Bajen la voz allá afuera! —grita el vecino de Dino.

—Disculpe, señor Rique —gritamos los dos.

Entramos a la casa de Dino.

233

Le muestro a Dino un sitio web buenísimo. Pero aparece un anuncio y luego cuatro más. —Los anuncios son tan molestos —me quejo. Y empiezo a cerrarlos haciendo clic.

—¡Espera! —dice Dino—. ¡Hay una petición para salvar a los *Amigos poderosos!* Quiero firmar. Me encanta ese programa.

—¿Para qué molestarse? —digo yo—. Siempre quitan los mejores programas. Es tan molesto.

—De eso se trata la petición —me explica Dino—. Si la estación ve que a muchos niños les gusta el programa, quizás lo sigan dando.

234

—¿Cualquier persona puede empezar una petición?

Dino se encoge de hombros. —Supongo que sí.

—Quizás nosotros deberíamos empezar una para que el parque esté abierto hasta más tarde.

—¡Qué buena idea! —dice Dino—. ¿Pero cómo lo hacemos?

—Tenemos el Internet —dice Dino.

Después encontramos un sitio sobre peticiones.

DATOS PARA UNA PETICIÓN PERFECTA

1. Ponerle título (ejemplo, "Petición para que King-Kong sea la mascota de la escuela").

2. Indicar a quién va dirigida.

3. Indicar quién la envía.

4. Indicar qué se quiere hacer o cambiar.

5. Lograr que la gente la firme; ¡Mientras más gente, mejor!

6. Entregarla a una persona o grupo que tenga el poder de decidir lo que quieres lograr.

Una petición es una solicitud por escrito. Las personas firman una petición para mostrar que están de acuerdo con la solicitud. Hay muchas peticiones en el Internet y otras circulan de mano en mano.

Dino y yo redactamos la petición y hacemos copias. Después reunimos a nuestros amigos y les contamos nuestro plan.

—Yo ayudaré a recolectar firmas —dice Laura.

—¡Yo también! —añade Tony—. Sería genial que el parque estuviera abierto hasta más tarde.

¡Mary y Pedro también quieren ayudar!

Petición para cambiar el horario del parque

Para: Concejo Municipal de Hanford

A nosotros, los siguientes miembros de Hanford, nos gustaría que el parque municipal estuviera abierto hasta más tarde. Creemos que los niños de nuestra localidad necesitan un buen espacio para jugar béisbol (y otros juegos). Los adultos también podrían permanecer en el parque hasta más tarde.

Las personas llevan escribiendo peticiones durante miles de años. Los científicos han encontrado peticiones hasta en las tumbas de los antiguos egipcios.

Todos tomamos copias y nos dividimos en equipos.

Mis padres están felices de firmar. —Ya van dos nombres —digo—. ¡Esto será fácil!

Pero la señora Monroe, la vecina, dice: —Lo siento, niños, ahora no es un buen momento.

En la siguiente casa, el señor Adams apenas escucha una frase. —No me interesa —dice entre dientes.

—Quizás deberíamos probar en un lugar con más gente —sugiero.

Probamos en la estación de trenes.

Probamos en el supermercado.

Pero la mayoría de gente está demasiado ocupada para siquiera escuchar lo que tenemos que decir.

Nos reunimos todos en la casa de Dino. Ninguno tuvo mucha suerte. —¡Esto es tan molesto! —gruño.

—Tiene que haber más personas que quieren que el parque esté abierto hasta más tarde —dice Laura.

—¡Eso es! —grito yo—. ¡Debemos hablar con la gente que está en el parque!

—¡Síííí! —gritan todos.

Nos sentamos alrededor de la mesa de la cocina de Dino y comenzamos una lista de ideas.

—¡Traeré golosinas para regalar! —dice Tony—. ¡La gente vendrá por las golosinas y entonces les hablaremos acerca de la petición!

—Necesitaremos carteles también —agrega Mary.

El sábado temprano por la mañana después de desayunar, nos instalamos en el parque. Los carteles se ven geniales. Muchas personas se detienen frente a las mesas. Comen golosinas. ¡Y la mayoría firma la petición!

239

A las seis **P.M.** tenemos 99 firmas.

—Si tan sólo pudiéramos conseguir una más, completaríamos cien —digo—. ¿A quién no le hemos preguntado?

—Nos queda el señor Rique —dice Dino—. Pero…

—¡Buena idea! —le digo—. ¡Vamos!

—Pero… —repite Dino.

Yo voy adelante. Caminamos hacia la casa del señor Rique.

Dino traga saliva y toca el timbre. El señor Rique abre la puerta.

—Ehhh, este… —comienza Dino—. Queremos saber si usted querría firmar nuestra petición para que el parque esté abierto hasta más tarde.

En los Estados Unidos, todas personas tienen derecho a presentar una petición al gobierno. ¡Este derecho está garantizado por la Primera Enmienda a la Constitución!

240

—El horario del parque está bien —gruñó el señor Rique. Y comenzó a cerrar la puerta.

—¡Espere! —exclamé desesperado.

—Señor Rique, usted siempre se queja de que hacemos demasiado ruido. ¡Así que quizás debería ayudarnos a hacer algo al respecto!

—¿Ah sí? ¿Cómo qué? —dijo bruscamente.

—¡Podría firmar nuestra petición! —contesté—. Si el parque está abierto hasta más tarde, podremos estar ahí en vez de jugar en la calle.

Y justo cuando estoy desconsolado y a punto de rendirme, el señor Rique sonríe. —En eso tienes mucha razón, hijo —exclama—. Te diré lo que haremos. Firmaré tu petición e incluso conseguiré que mis compañeros del taller de redacción la firmen también.

—¿Usted es escritor? —pregunto.

—Claro. Por eso necesito silencio.

Al final conseguimos 108 nombres. —Espero que sea suficiente —digo—. ¡La asamblea es mañana!

La noche de la reunión estoy muy nervioso.

La petición de Carlos va al Concejo Municipal, una oficina del gobierno. Pero muchas peticiones van a empresas y organizaciones; desde estudios cinematográficos hasta equipos deportivos y negocios.

El concejo está sentado enfrente del salón.

Primero, una señora se levanta y les dice que las licencias para perros son demasiado caras.

Después, un hombre habla sobre colocar un semáforo en la calle Elm.

Y llega mi turno.

—¡Buena suerte! —susurra Dino.

—A mis amigos y a mí nos encanta el parque —digo—. Pero cierra a las cinco de la tarde y eso es demasiado temprano. —Entonces muestro la petición—. Todas las personas que firmaron esto quieren que el parque esté abierto hasta más tarde.

Muchos niños han iniciado peticiones de verdad. Un curso de segundo grado, incluso, escribió una petición que convirtió a la mariquita en ¡el insecto oficial del estado de Massachussets!

—No sé —dice el hombre del bigote—. ¿Es bueno que los niños jueguen en el parque después de las cinco?

—Es mejor a que anden corriendo por la calle —contesta una señora del público.

Entonces es cuando veo al señor Rique.

—Jugamos en la calle cuando el parque cierra —digo—. Y a veces el ruido molesta a los vecinos.

Le sonrío al señor Rique. —Mantener el parque abierto hasta más tarde solucionaría ese problema también.

El señor Rique sonríe. Pero los miembros del concejo todavía discuten.

¿Y si dicen que no?

Es hora de votar. Contengo la respiración.

—¿Todos a favor de que el parque esté abierto hasta la puesta del sol? —pregunta la señora de gafas.

Uno por uno, los miembros del concejo levantan la mano.

Casi no lo puedo creer. ¡Nuestra petición dio resultado! Todos aplauden y se felicitan.

Dino y yo chocamos las manos.

—¡Lo logramos! —exclama—. Y lo mejor es que ahora tendrás una cosa menos de qué quejarte.

—¿Tan malo es que me queje siempre? —pregunto.

—Claro —ríe Dino—. Era…

—Ya sé —digo con una sonrisa amplia—. ¡Realmente tan molesto!

¡Imagínalo! | **Volver a contar**

Piensa críticamente

Leamos juntos

1. ¿Cómo era Carlos un buen miembro de la comunidad? ¿Cómo puedes tú ser un buen miembro de la comunidad como lo era Carlos? **El texto y tú**

2. ¿Por qué crees que el autor escribió sobre peticiones? **Pensar como un autor**

3. Mira de nuevo las páginas 241 y 242. ¿Por qué el Sr. Rique decide firmar la petición? **Causa y efecto**

4. ¿Qué visualizas al leer sobre el parque donde juegan Carlos y sus amigos? **Visualizar**

5. Mira de nuevo y escribe Mira de nuevo la página 236. ¿Qué pide la petición? Da evidencia que apoye tu respuesta.

PRÁCTICA PARA EL EXAMEN | **Respuesta desarrollada**

Michelle Knudsen

Michelle Knudsen dice: "Soy escritora, editora, amante de libros y de las películas, fanática de la ciencia ficción y la fantasía, actriz ocasional de teatro comunitario, alérgica y amante de los gatos, entre otras cosas". Michelle Knudsen vive en Brooklyn, Nueva York, con su gata, Cleo.

Maryann Cocca-Leffler

Maryann Coca-Leffler ha dibujado y pintado desde siempre. Cuando estaba en la secundaria, pintó un mural en la puerta del garage de su casa. Su primer taller fue la esquina de un sótano, pero ahora vive en New Hampshire, donde tiene un taller grande y muy iluminado.

Lee otros libros sobre ser responsable.

¡Caramba con los amigos!

Manolo Multón y el mago Guasón

Registro de lecturas

Usa el Registro de lecturas del *Cuaderno de lectores y escritores*, para anotar tus lecturas independientes.

Leamos juntos

¡Escribamos!

Aspectos principles de un cuento de ficción realista

- los personajes y el ambiente parecen reales

- los personajes hacen cosas que podrían suceder realmente

- el cuento cuenta los sucesos en orden

CALLE DE LA LECTURA EN LÍNEA
GramatiRitmos
www.CalledelaLectura.com

Ficción realista

Un cuento de **ficción realista** es un cuento inventado acerca de sucesos que podrían pasar en la vida real. El modelo del estudiante, en la página siguiente, es un ejemplo de cuento de ficción realista.

Instrucciones Piensa en tu comunidad. Escribe un cuento sobre lo que Carlos Quejoso podría hacer para mejorar tu comunidad.

Lista del escritor

Recuerda que debes...

☑ contar sucesos que podrían pasar realmente.

☑ decir y usar palabras de orden, como **primero, después** y **por último**.

☑ decir y escribir los pronombres correctamente.

Ayudar a la biblioteca

La biblioteca necesitaba más libros. Carlos quería conseguir más libros para la biblioteca. Primero, **él** hizo carteles. Los carteles pedían que la gente donara libros.

Después, consiguió voluntarios para ayudar en la biblioteca. **Ellos** separaron los libros en distintos grupos.

La bibliotecaria agradeció a los voluntarios. Por último, ella agradeció a Carlos.

Característica de la escritura: Organización: El escritor usa las palabras *primero, después* y *por último* para contar los sucesos en orden.

El **pronombre él** reemplaza a *Carlos*. El pronombre **ellos** es un pronombre en plural.

Género: Un cuento de **ficción realista** cuenta sobre cosas que la gente puede hacer en la vida real.

Normas

Pronombres en singular y en plural

Recuerda Yo, tú, usted, él y **ella** son pronombres que nombran una persona o cosa.

Nosotros, nosotras, ustedes, ellos y **ellas** son pronombres que nombran más de una. **Yo, tú** y **usted** reemplazan nombres masculinos y femeninos.

Estudios Sociales en Lectura

Género
Poesía

- La poesía tiene a menudo el ritmo, la rima y la repetición.

- El verso libre es una forma de la poesía que a veces no tiene rima ni ritmo regular.

- La poesía te ayuda pensar en los sentidos y en las emociones.

- Lee "Don Segundo". Busca los aspectos que lo hacen poesía.

Don Segundo

por Gloria Fuertes

—¡Tin, tin!
—¿Quién?
—Don Segundo.
—Don Segundo,
espere un segundo.
Me voy a lavar,
me voy a peinar,
me voy a comer…
…y si me como…
no me verá usted.

Espere un segundo,
Don Segundo.
Me voy a duchar,
me voy a vestir,
me voy a calzar,
me voy a estudiar…
Y Don Segundo se cansó
 de esperar
y se convirtió en una hora.

Pensemos…

¿Qué palabra se repite muy a menudo en este poema? ¿Cuáles palabras riman? ¿Cómo te ayudan esas palabras a ver lo que está sucediendo?
Poesía

Pensemos…

Relacionar lecturas Si Carlos Quejoso pudiera hablar con Don Segundo, ¿qué le diría?

Escribir variedad de textos Escribe un poema breve mostrando lo que le dirías a Don Segundo.

Al hablar usa un tono y ritmo de voz apropiados.

Prepárate para el tercer grado

Leamos juntos

¡Aprendamos!

CALLE DE LA LECTURA EN LÍNEA
LIBRO DEL ESTUDIANTE EN LÍNEA
www.CalledelaLectura.com

Vocabulario

Destrezas para el diccionario

Diccionario/Glosario Un diccionario y un glosario dan las definiciones, o significados, de palabras. Algunas palabras tienen más de un significado. Estas se llaman palabras de varios significados. Un diccionario da varios significados.

hola

ola

¡Practícalo! Busca estas palabras en un diccionario o glosario. Escribe dos definiciones diferentes para cada una de las palabras.

lima   lengua   cara   araña

Escuchar y hablar

Demuestra cómo hacer algo en el orden correcto.

Da una demostración

Cuando das una presentación, muestras a las demás personas cómo hacer algo. Durante la demostración, di acerca de cada paso mientras lo muestras. Cuando ves una demostración, mira y escucha con atención para que puedas repetirlo y seguir las instrucciones.

¡Practícalo! Piensa acerca de algo que puedes demostrar. Puedes mostrar cómo dibujar una flor o escribir una letra del alfabeto. Da instrucciones orales para cada paso en orden. Luego, pide a un compañero participante que diga cada paso mientras él o ella hace la actividad.

Fluidez

Precisión y ritmo apropiado Debes leer a un ritmo apropiado para que puedas entender el texto. Trata de leer grupos de palabras, no de palabra por palabra.

¡Practícalo! Espera tu turno para leer el siguiente texto con un compañero. Carl y sus padres fueron a un parque de diversiones. El papá de Carl preguntó, —¿Quieres subirte a la montaña rusa? Carl dijo, —No, creo que no. Da muchas vueltas y va demasiado rápido—.

Objetivos
• Escuchar con atención a los hablantes y hacer preguntas que te ayuden a entender mejor el tema. • Comentar información e ideas sobre el tema. Hablar con claridad y a un ritmo adecuado.

Hablemos sobre

La responsabilidad con nuestra familia

- Comenta la información sobre la responsabilidad con nuestra familia.

- Comenta tus ideas sobre cómo ser responsables con nuestra familia.

CALLE DE LA LECTURA EN LÍNEA
VIDEO DE HABLAR DEL CONCEPTO
www.CalledelaLectura.com

¡Imagínalo! | Sonidos para aprender

adorable

-able

convertible

-ible

CALLE DE LA LECTURA EN LÍNEA
TARJETAS DE SONIDOS Y GRAFÍAS
www.CalledelaLectura.com

Fonética

Sufijos *-able, -ible*

Sonidos y sílabas que puedo combinar

insoport**able**

amig**able**

invenc**ible**

terr**ible**

ama**ble**

Oraciones que puedo leer

1. El nuevo compañero de clase es muy amable y amigable.

2. Mi primito es terrible e insoportable.

3. El héroe de la película es invencible.

El sábado fuimos al teatro con mi tía Ruth. No le fue posible comprar los boletos antes, así que los únicos lugares disponibles estaban en la última fila. Aunque la obra era visible, no era muy audible porque estábamos muy lejos. Los diálogos eran incomprensibles. Hacía un calor insoportable. Los actores eran terribles, no actuaban muy bien. Lo más horrible de la noche fue que se me manchó mi abrigo nuevo. Lo bueno es que es lavable. Mi tía Ruth fue muy amable y lo puso en la lavadora.

Has aprendido

 Sufijos -able, -ible

¡Imagínalo!

Destreza

Estrategia

Destreza de comprensión

Argumento y tema

• El argumento es lo que sucede al principio, en el medio y al final de un cuento.

• El tema de un cuento o "idea importante" es la lección que el autor quiere que el lector aprenda del cuento.

• Lee "Mario se comunica". Mientras lees, dibuja y completa un cuadro como el siguiente. Usa lo que aprendiste sobre argumento y tema.

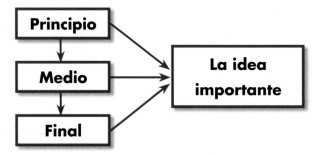

Estrategia de comprensión

Conocimientos previos

El buen lector usa sus conocimientos previos como ayuda para comprender lo que lee. Cuando leas, piensa en lo que ya sabes. Úsalo como ayuda para comprobar tu comprensión.

Mario se comunica

Mario aprendió a escribir cartas en la escuela. Escribe hermosas cartas a sus primos que viven en una ciudad lejana.

Un día el papá de Mario le dice que debido a su trabajo deberán vivir un tiempo en otro país.

Mario piensa que será una experiencia interesante. Sólo le preocupa una cosa: el contacto con su abuelo, porque ahora viven juntos y comparten aventuras imaginarias, juegos y cuentos. Ya pronto no será así.

Entonces, el abuelo le recuerda a Mario las bonitas cartas que él sabe escribir a sus primos.

Estrategia ¿Has escrito una carta alguna vez? ¿Cómo crees que se sienten los primos de Mario al recibir sus cartas?

Conversando con la familia descubren que el correo electrónico es comunicación casi instantánea. Abuelo y nieto deciden aprender a usar el correo electrónico para poder elegir cómo comunicarse a diario cuando llegue el momento de que Mario viaje con sus padres.

Destreza ¿Qué sucede al final del cuento? ¿Qué lección aprende Mario?

¡Es tu turno!

 ¿Necesitas repasar? Mira el *¡Imagínalo! Cuaderno de práctica* para obtener ayuda sobre argumento y tema y conocimientos previos.

¡Inténtalo! Mientras lees *Abuelita llena de vida*, usa lo que has aprendido sobre argumento y tema y conocimientos previos.

Objetivos

• Poner palabras en orden alfabético y usar un diccionario o un glosario para buscar palabras.

acordeón

elotes

tamales

estación

jamás

ristra

Estrategia de vocabulario para

Clasificar/Categorizar

Diccionario/Glosario Cuando clasificas o agrupas palabras relacionadas, puedes entender sus significados. Piensa en cómo se parecen las palabras o qué tienen en común. Por ejemplo, *rojo, azul* y *verde* son todas palabras de colores. Las puedes clasificar juntas. Puedes usar un diccionario o un glosario para revisar si la palabra corresponde en una categoría.

1. Piensa en la categoría donde podría entrar una palabra.

2. Busca otras palabras que entran en una categoría.

3. Usa un diccionario o un glosario para revisar si la palabra corresponde.

Mientras lees "Las fiestas en mi casa", busca palabras que dicen lo que se usa para hacer tamales. Usa un diccionario para revisar el significado de palabras.

Palabras para escribir Vuelve a leer "Las fiestas en mi casa". ¿Cómo son las fiestas en tu casa? Descríbelas. Usa palabras de la lista de *Palabras para aprender*.

Las fiestas en mi casa

En mi casa siempre se escucha música. Mi abuelita escucha su estación de radio favorita todos los días. En su estación ponen sus canciones favoritas. En muchas canciones se oye el acordeón. Mi hermano sabe tocar el acordeón y yo quiero aprender a tocarlo muy pronto. Así puedo tocar música para que bailen mi abuelita y toda mi familia.

A mi abuelita le gusta cocinar mucho. Lo que más le gusta es hacer tamales. Cuando hace tamales, mi mamá va al mercado y compra muchas cosas. Compra masa, carne de puerco, frijoles, elotes, queso, una ristra de ajos y otra ristra de chiles. Mi abuelita jamás hace tamales sola. Vienen muchos primos, tíos y amigos a ayudar.

Me gustan los tamales como los hace mi abuelita. Ella hace algunos especialmente para mí. Como a mí me gustan mucho los elotes, ella pone elotes, frijoles y queso en mis tamales.

Después de hacer tamales, todos comemos. Hacemos una una gran fiesta. Mi hermano toca el acordeón y mi papá toca la guitarra. Y todos los que quieren bailan al ritmo de la música que tocan.

¡Es tu turno!

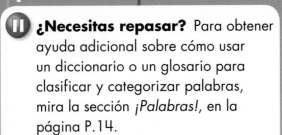

¿Necesitas repasar? Para obtener ayuda adicional sobre cómo usar un diccionario o un glosario para clasificar y categorizar palabras, mira la sección *¡Palabras!*, en la página P.14.

¡Inténtalo! Lee *Abuelita llena de vida* en las páginas 264 a 279.

Género

La **ficción realista** cuenta sobre personas y sucesos inventados aunque parecen reales. ¿Qué hace que este cuento parezca real?

264

ABUELITA
llena de vida

✸

por Amy Costales
ilustrado por Martha Avilés

Pregunta de la semana

¿Cómo podemos ser responsables con nuestra familia?

La abuela de José ya es viejita cuando llega a vivir con él y su familia. Sus largas trenzas son muy grises.

Es viejita, pero es vivaz.

Abuelita duerme en el cuarto de José. Él mueve sus dinosaurios a un lado para hacer lugar para las velas de ella. Mueve su cama bajo la ventana para hacer lugar para la cama de ella. Mueve su ropa a un lado del clóset para hacer lugar para la ropa de ella.

Todo está un poco apretado, pero cuando ella le susurra cuentos en la oscuridad de la noche, a José no le molesta para nada.

Abuelita siembra una huerta que ocupa la mitad del jardín, y por eso José tiene que ir al parque a jugar al fútbol. Pero es divertido cosechar frijoles de su propia huerta. Y a José le gusta comer los elotes. Cuando las calabazas maduran, a José no le molesta la huerta para nada.

Abuelita llena la casa de olores nuevos. Quema incienso en su altar que le hace estornudar al gato. Llena los cuartos de rosas del jardín que le hacen estornudar al papá de José. Cocina chiles que les hacen estornudar a todos.

Cuando ella empieza a hacer chocolate cada mañana y a llevárselo a José a la cama, él decide que los olores nuevos no le molestan para nada.

La abuela de José ya es viejita cuando llega a vivir con él y su familia. Sus largas trenzas son muy grises y tiene surcos alrededor de la boca.

Es viejita, pero es vivaz. Su piel está arrugada, pero es suave para besar.

Por la mañana abuelita se sienta bien callada
en la mesa de la cocina, con una taza de té de canela
y en pantuflas, pero siempre está ocupada. Teje.
Hace tamales. Dibuja con José y cuenta frijoles con
su hermanita.

Por la tarde abuelita se acuesta en el sofá con su almohada especial, pero nunca está quieta. Lee el periódico. Acaricia al gato. Le escucha a José leer sus libros y le hace las trenzas a su hermanita.

Por la noche abuelita se mece en el porche, de
bata, pero jamás descansa. Despedaza tortillas para los
pájaros. Cuelga chiles en ristra. Le cuenta cuentos a José
y le canta a su hermanita.

La abuela de José ya es viejita cuando llega a vivir con él y su familia. Sus largas trenzas son muy grises, tiene surcos alrededor de la boca y sus manos parecen dos ramas en otoño, cuando se caen las hojas.

Es viejita, pero es vivaz. Su piel está arrugada, pero es suave para besar. Ella es frágil, pero sus abrazos son fuertes.

Abuelita dice que es demasiado vieja para seguir a
José cuando él anda en su bici, aunque es bien rápida
para perseguir al paletero. Cuando José va al parque
con abuelita, tiene que caminar. Al principio extraña su
bici, pero le gusta cuando abuelita le agarra de la mano
y él siente la fuerza que fluye bajo su piel arrugada. Ella
le enseña los nombres de los árboles y las flores que ven
por el camino, y José se asombra de lo mucho que se
perdía apurándose en su bici.

275

Abuelita dice que es demasiado vieja para aprender inglés, aunque habla perfectamente bien con el chofer del autobús. José tiene que hablar en español con abuelita. Al principio extraña sus palabras en inglés, pero después de un rato le empieza a gustar el sentir tanto español en su boca. Entonces abuelita empieza a enseñarle versos y a él le gustan tanto que se los enseña a su hermanita.

Abuelita dice que es demasiado vieja para la música de José, pero zapatea al ritmo de su reggaetón cuando cree que él no mira.

Después de cenar abuelita siempre escoge la estación de radio. Al principio sus viejas canciones mexicanas le dan sueño a José, pero después de un rato le encanta el sonido alegre-triste del acordeón. Entonces, para su sorpresa, su padre saca una guitarra y empieza a enseñarle a tocar las viejas canciones mexicanas que ya no le dan sueño.

La abuela de José ya es viejita cuando llega a vivir con él y su familia. Sus largas trenzas son muy grises, tiene surcos alrededor de la boca, sus manos parecen dos ramas en el otoño, cuando se caen las hojas, y su voz tiembla tantito.

Es viejita, pero es vivaz. Su piel está arrugada, pero es suave para besar. Es frágil, pero sus abrazos son fuertes. Su voz es suave, pero se oye claramente.

Abuelita está llena de vida.

¡Imagínalo! | **Volver a contar**

Piensa críticamente

Leamos juntos

1. José tiene una relación especial con su abuelita. Habla sobre alguna persona mayor en tu familia. **El texto y tú**

2. Cuando la autora describe a la abuela siempre dice "Es viejita, pero es vivaz.". ¿Por qué crees que repite eso? **Pensar como un autor**

3. ¿Sobre qué trata este cuento? ¿Cuál crees que es el tema del cuento?

Argumento y tema

4. ¿Alguna vez has salido a pasear con una persona mayor? ¿Te gustó hacerlo? ¿Por qué? ¿Te parece que a José le gusta pasear con su abuela?

Conocimientos previos

5. Mira de nuevo y escribe Vuelve a mirar la página 277, donde José escucha música con su familia. ¿A José le gustan las viejas canciones mexicanas? Da evidencia que apoye tu respuesta.

PRÁCTICA PARA EL EXAMEN | **Respuesta desarrollada**

Amy Costales

Amy Costales dice que siempre le ha gustado escribir sobre sus familiares. Por eso, afirma que leer sus propios cuentos es como mirar un álbum de familia. Amy ha vivido en España, Tailandia, India y otros países. Actualmente vive en los Estados Unidos con sus hijos y una perrita que se llama Lola.

Martha Avilés

Martha Avilés vive con su familia en la Ciudad de México. *Abuelita llena de vida* es su primer libro para niños publicado en los Estados Unidos.

el niño y
su amigo

Mi abuelita
tiene ruedas

Lee otros libros sobre la vida en familia.

Usa el Registro de lecturas del *Cuaderno de lectores y escritores*, para anotar tus lecturas independientes.

¡Escribamos!

Aspectos principales de una entrada de un diario

- cuenta un suceso o una idea personal
- cuenta qué piensa o siente el escritor
- puede incluir la fecha

Entrada de un diario

Un diario es un libro en el cual una persona escribe entradas, día por día, para contar sucesos de su vida. El modelo del estudiante, en la página siguiente, es un ejemplo de entrada de un diario.

Instrucciones Piensa en cómo se divertía José con su abuela. Escribe una entrada de un diario que podría escribir José para contar acerca de una nueva aventura con su abuela.

Lista del escritor

Recuerda que debes...

☑ escribir como crees que José escribiría en su diario.

☑ contar acerca de una aventura con la abuela.

☑ decir y usar los pronombres **yo, me** y **mí** correctamente.

9 de abril

Hoy mi abuela y **yo** fuimos a una juguetería. Ella quería comprar algo para **mí**. Primero jugamos con bloques. Después jugamos con carros y camiones. La abuela también **me** leyó dos libros. Fue muy divertido. Ojalá podamos volver pronto.

Los **pronombres** *yo, me* y *mí* reemplazan al nombre de José.

Género:
Una **entrada de un diario** a menudo cuenta lo que sucedió en un día.

Característica de la escritura:
Voz:
El escritor hizo como si José escribiera la entrada.

Normas

Pronombres sujeto y pronombres objeto

Recuerda Usa **yo** como sujeto de la oración.

Usa **me** antes de verbos de acción. Usa **mí** después de palabras como *a* o *para*. Si te mencionas a tí y a otra persona, nombra primero a la otra persona: Susana y **yo** leímos un cuento.

Objetivos
• Seguir un conjunto de instrucciones escritas de varios pasos. • Utilizar características gráficas para que te ayuden a entender el significado de un texto.

Ciencias en Lectura

Género
Texto de procedimiento

- El texto de procedimiento dice cómo hacer algo.

- El texto de procedimiento da instrucciones, es decir pasos, para seguir.

- El texto de procedimiento usualmente tiene leyendas de foto e ilustraciones que sirven de ayuda para que el lector entienda cómo hacer algo.

- Lee "Ensalada de elote con frijoles negros". Mira los pasos numerados que sirven de ayuda para este texto de procedimiento.

Ensalada de elote con frijoles negros

Esta ensalada es muy saludable y fácil de preparar. Puedes usar ingredientes frescos si los hay disponibles.

Por favor, pide a un adulto que te ayude a abrir las latas de verduras y a picar el tomate y el cilantro.

Lo que necesitas:

- 1 lata de frijoles negros enteros
- 1 lata de elote en granos
- 1 tomate mediano partido en cuadritos
- 1/2 taza de cilantro picado
- sal y pimienta al gusto
- 1 tazón grande
- 1 cuchara grande
- plástico de cocina para envoltura

Paso 1 Usa el colador para escurrir el líquido de las latas de frijoles y elote.

Paso 2 Pide a un adulto que corte en pedacitos el tomate mediano y que pique el cilantro.

Paso 3 Coloca los frijoles, el elote, el tomate partido en cuadritos y el cilantro en el tazón.

Paso 4 Mezcla todos los ingredientes con la cuchara. Agrega sal y pimienta al gusto.

Paso 5 Cubre el tazón con plástico de cocina para envoltura.

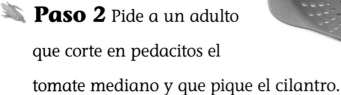

Paso 6 Enfría la ensalada en el refrigerador por dos horas.

Paso 7 ¡Disfruta tu ensalada! La puedes comer sola o con tostaditos de maíz. También puedes servirla para acompañar otros alimentos como pollo, pescado o tamales.

Pensemos...

Mira las ilustraciones de la página. ¿Cómo te ayudan a seguir los pasos? **Texto de procedimiento**

Pensemos...

Relacionar lecturas En *Abuelita llena de vida,* ¿qué ingredientes de "Ensalada de elote con frijoles negros" cosechan José y su familia en la huerta de su jardín?

Escribir variedad de textos Escribe una lista de cosas divertidas que tú haces con un miembro de tu familia, como José hace con su abuelita en *Abuelita llena de vida.*

285

Leamos juntos

¡Aprendamos!

CALLE DE LA LECTURA EN LÍNEA
LIBRO DEL ESTUDIANTE EN LÍNEA
www.CalledelaLectura.com

Vocabulario

Clasificar/Categorizar

Diccionario/Glosario Cuando **clasificas** palabras, pones las palabras en **categorías**. Puedes usar un diccionario o glosario como ayuda para decidir si una palabra pertenece a una categoría. Puedes clasificar *manzana*, *plátano* y *uvas* como nombres de frutas.

¡Practícalo! Clasifica estas palabras en dos categorías. Indica que tienen en común.

azul   botas   abrigo

verde   gorra   amarillo

Fluidez

Expresión y entonación Los signos de puntuación muestran cómo debes leer un texto. Levanta la voz al final de una pregunta. Usa tu voz para mostrar sentimientos fuertes cuando ves un signo de exclamación.

¡Practícalo! Lee cada oración con expresión y tono.

1. Todos saltaron y gritaron —¡Sorpresa!

2. ¡Oye! ¡Vamos al parque a jugar a la pelota!

3. ¿Crees que ganaremos el partido? ¡Espero que sí!

Escuchar y hablar

Escucha con atención los hechos y opiniones cuando otras personas hablan.

Escuchar hechos y opiniones

Un hecho puede probarse como falso o verdadero. Una opinión dice las ideas o sentimientos de alguien. Al escuchar a otras personas, escucha con atención los hechos y opiniones. Las palabras clave **yo, pienso, debes** y **es mejor** usualmente expresan opiniones.

¡Practícalo! Lee las oraciones con un compañero. Identifica un hecho y una opinión. Indica cómo puedes probar los hechos. Luego, escribe una lista de hechos y opiniones con tu compañero.

!Abuelita llena de vida! es el mejor cuento de todos. Se trata de un niño llamado José y su abuelita que viene a vivir con él y su familia. Creo que todos deben leer este cuento.

Sugerencias

- Pon atención a las palabras clave para identificar hechos y opiniones.

- Haz contribuciones apropiadas a la discusión de la clase.

Vocabulario Oral

Hablemos sobre

Amigos y vecinos responsables

- Comenta la información sobre amigos y vecinos que se comunican los unos con los otros.

- Comenta tus ideas sobre amigos y vecinos que se respetan.

CALLE DE LA LECTURA EN LÍNEA
VIDEO DE LA PREGUNTA PRINCIPAL
www.CalledelaLectura.com

288

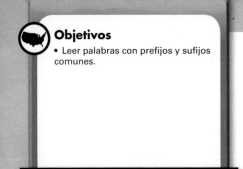

Fonética

Sufijos *-ito, -ita, -illo, -illa, -ico, -ica*

Sonidos y sílabas que puedo combinar

bajito

abuelito

pollito

suavecita

chiquillo

Oraciones que puedo leer

1. Mi abuelito me regaló un pollito.

2. Este chiquillo es muy bajito.

3. Esta almohada suavecita es para mi hermana.

¡Ya puedo leer!

En el reino de las cosas diminutas todo es pequeñito. María es una niñita encantadora. Cuando sale el solecito, la despierta el canto alegre de un pajarillo que ella puede ver desde la ventanilla de su cuarto. En el campo, María se sienta a leer su librito a la sombra de la única nubecilla que tiene el reino. La chiquilla se sienta en su mesita para tomar la merienda. Y cuando la manecilla de la hora marca las ocho se quita sus zapaticos rojos y va a dormir a su camita.

Has aprendido

- Sufijos -ito, -ita, -illo, -illa, -ico, -ica

Objetivos
• Describir los personajes principales en los cuentos, y el por qué se sienten y actúan de la manera como lo hacen. • Volver a contar los sucesos importantes de un cuento, en el orden apropiado.

¡Imagínalo!

Destreza

Estrategia

Destreza de comprensión

Personaje y ambiente

• Los personajes son las personas o los animales de un cuento.

• El ambiente es dónde y cuándo sucede una historia.

• Mientras lees "Mejores amigas", usa lo que has aprendido sobre personaje y ambiente y descríbelos usando una tabla como la siguiente.

Qué hacen los personajes	Qué dicen los personajes	Dónde sucede la historia

Estrategia de comprensión

Estructura del cuento

El buen lector piensa en el orden de los sucesos en un cuento. Esto puede ayudarte a recordar lo que lees. Luego, puedes volver a contar lo que sucede. Mientras lees "Mejores amigas", piensa qué sucede al principio, durante el desarrollo y al final del cuento. Luego, vuelve a contar el cuento a un compañero.

Mejores amigas

Tara y Crystal eran amigas. Vivían en una gran ciudad. Un día, Tara dijo: "Dibujemos todo lo que haremos la próxima semana".

Las niñas hicieron dibujos con tiza sobre la acera. Las niñas dibujaron la piscina y una cuerda de saltar. Juntas se divirtieron.

A la mañana siguiente, Crystal se cayó y se rompió un brazo. Fue a ver al doctor. El doctor le inmobilizó el brazo.

Crystal conversó con Tara sobre lo sucedido. Crystal frunció el entrecejo. —No puedo nadar —dijo—. Tampoco puedo saltar cuerda.

La semana siguiente, Tara fue a nadar sola. También saltó la cuerda. Ella suspiró y frunció el entrecejo. "Nada es divertido. Extraño a Crystal" pensó.

Entonces Tara fue a ver a Crystal. Las dos niñas jugaron juegos. Hicieron una tienda con una cobija. Conversaron y se rieron. No fueron a nadar ni a saltar la cuerda, pero juntas fueron felices.

Destreza
¿Quiénes son los personajes en este cuento?

Estrategia
¿Vuelve a contar lo que ha sucedido hasta ahora en el cuento? ¿Qué sucedió primero?

Destreza ¿Cuál es el ambiente del cuento? Describe cómo se siente Crystal? ¿Cómo lo sabes?

¡Es tu turno!

¿Necesitas repasar? Mira el ¡Imagínalo!: Cuaderno de práctica para obtener ayuda sobre personaje y ambiente y estructura del cuento.

¡Inténtalo! Mientras lees *Horacio y Morris, pero más que nadie Dolores,* usa lo que has aprendido sobre personaje y ambiente y estructura del cuento.

Objetivos

• Usar claves del contexto para entender el significado de palabras que no sabes o palabras que tienen más de un significado.

¡Imagínalo! | Palabras para aprender

escaló

se preguntaba

aventuras

club
mejores
sinceros

Estrategia de vocabulario para

Palabras compuestas

Estructura de las palabras Cuando lees, te puedes encontrar con una palabra larga que no conoces. Si la palabra larga está compuesta por dos palabras pequeñas, entonces probablemente es una palabra compuesta. Las dos palabras pequeñas te pueden ayudar a entender el significado de la palabra compuesta.

1. Mira las palabras pequeñas de la palabra compuesta.

2. Piensa en el significado de cada palabra pequeña. Junta los significados. ¿Te ayuda esto a entender el significado de la palabra compuesta?

3. Usa el significado en la oración. ¿Tiene sentido?

Lee "Boris y Cloris". Usa el significado de las palabras pequeñas para ayudarte a entender el significado de la palabra compuesta.

Palabras para escribir Vuelve a leer "Boris y Cloris". Escribe sobre lo que te gustaría hacer con un amigo. Escribe sobre tu amigo. Usa palabras de la lista de "Palabras para aprender".

Boris y Cloris

Boris, un ratón, vivía en una granja. Su casa estaba en un almiar. Estaba aburrido. Era mediodía y todo lo que hacía era comer semillas. Su pasatiempo favorito era tener aventuras.

Al final del campo de trigo había un edificio pequeño. Boris se preguntaba qué habría allí.

Le pidió a su amiga Cloris que lo acompañara a explorar, pero ella dijo que no. Así que Boris fue solo.

Boris escaló a través del agujero en una tabla. Dos chicas estaban sentadas en el piso, conversando.

—¿A quién dejaremos entrar a nuestro club? —preguntó una chica.

—Sólo a nuestros mejores y más sinceros amigos —dijo la otra chica—. Jugaremos al beisbol después de la escuela. Pero, ¡mira! ¡Hay un ratón en nuestro club!

Las dos chicas trataron de agarrar a Boris. Él se escabulló en busca del agujero, pero, ¿dónde estaba? —Por aquí, Boris —chilló Cloris. Boris saltó por el agujero y los dos salieron disparados por el maizal.

Cuando estaban a salvo en el almiar, Boris le dijo a Cloris —Gracias por seguirme los pasos.

¡Es tu turno!

¿Necesitas repasar? Para obtener ayuda adicional sobre la estructura de las palabras, mira la sección *¡Palabras!*, en la página P.9.

¡Inténtalo! Lee *Horacio y Morris, pero más que nadie Dolores* en las páginas 296 a 313.

Horacio y Morris,

El **cuento fantástico** es un relato inventado porque no es posible que realmente ocurra. ¿Qué hace que este relato sea un cuento fantástico?

pero más que nadie Dolores

por James Howe

ilustrado por Amy Walrod

Pregunta de la semana

¿Cómo podemos ser amigos y vecinos responsables?

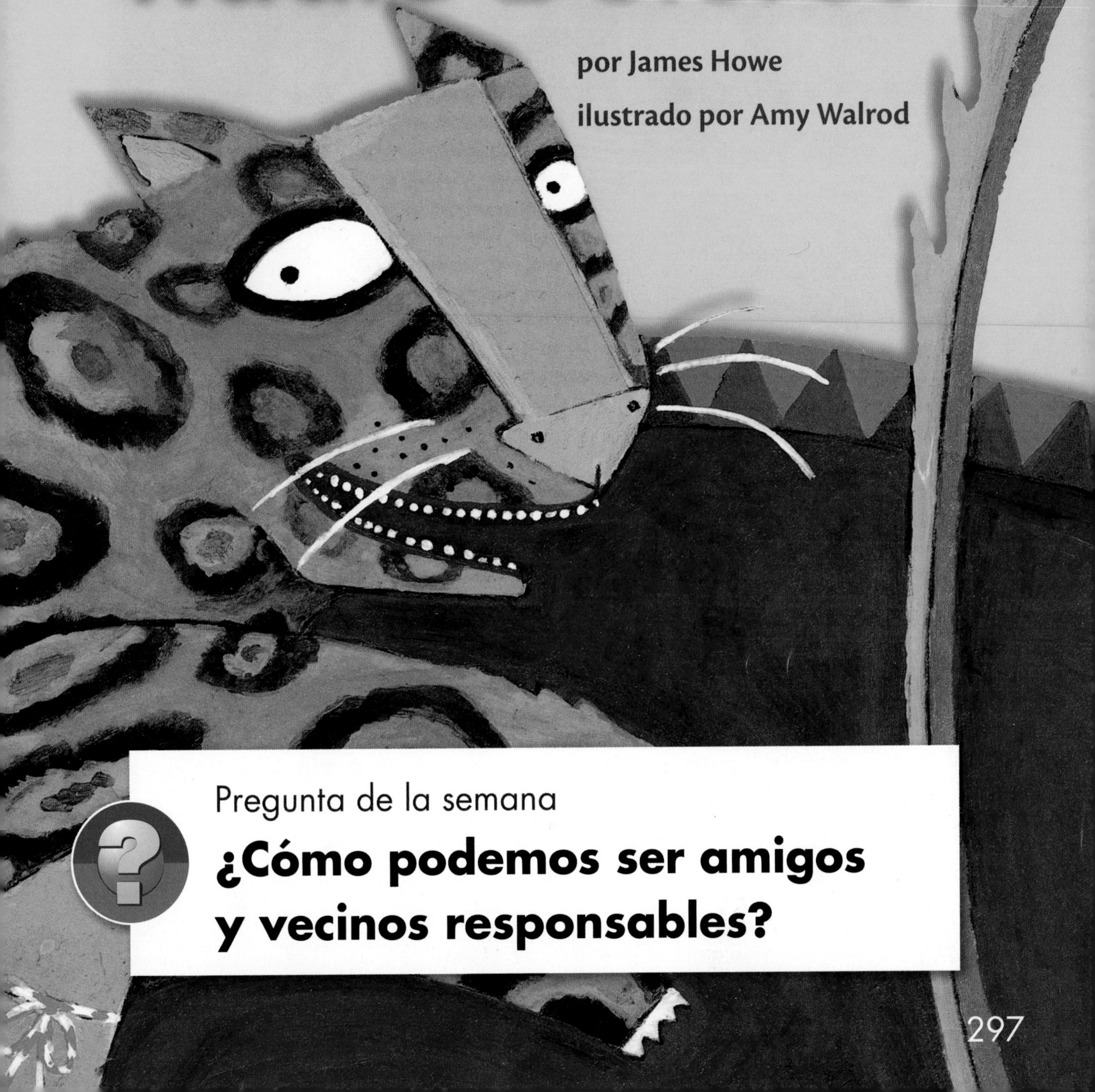

Horacio y Morris, pero más que nadie Dolores,
adoraban las aventuras. Los tres navegaron las siete
alcantarillas.

Escalaron juntos la torre de pizza. Se atrevieron a
ir adonde ningún otro ratón había ido antes.

Horacio y Morris, pero más que nadie Dolores,
nunca decían: "Esto es algo que no podemos hacer".

Ellos decían: "¡Esto es algo que *tenemos* que hacer!". Así que casi no había nada que no hicieran.

Horacio, Morris y Dolores eran amigos; los mejores
amigos, los amigos más sinceros, de esos amigos
inseparables. Pero un día... Horacio y Morris tuvieron
que tomar una decisión.

No querían hacer nada sin Dolores, pero como
dijo Horacio: "Un ratón debe hacer lo que un ratón
debe hacer".

—Apuesto a que no pueden repetir *eso* tres veces
bien rápido —dijo Dolores con una sonrisilla traviesa.

Horacio y Morris ni siquiera lo intentaron. Ni siquiera sonrieron. —Adiós, Dolores —dijeron bajito.

"¿Qué clase de lugar no admite niñas?", se preguntaba Dolores mientras veía a sus amigos cruzar la puerta del club Mega-Ratones.

Descorazonada, Dolores siguió su camino, solita. Poco tiempo después… Dolores tuvo que tomar una decisión.

De verdad no quería hacer nada sin Horacio y Morris, pero pensó que una ratona debe hacer lo que una ratona debe hacer. (Y repitió esto en voz alta muy rápido tres veces, sólo para comprobar que podía hacerlo.)

UNA RATONA DEBE HACER LO QUE UNA RATONA DEBE HACER

"Apuesto que Horacio y Morris no pueden hacer eso", pensó. Pero ya no sonreía cuando cruzó la puerta del club El Quesillo Fresco.

Día tras día, Dolores iba a El Quesillo Fresco. Día tras día, Horacio y Morris iban al Mega-Ratones.

Extrañaban jugar juntos, pero como ellos mismos dijeron… "Una ratona debe hacer lo que una ratona debe hacer". "Un ratón debe hacer lo que un ratón debe hacer".

Horacio y Morris, y aun Dolores, estaban seguros de que su amistad ya nunca sería la misma. Pero entonces un día… Dolores tomó una decisión diferente.

—Estoy aburrida —declaró.

Las otras chiquillas la miraron fijamente.

—¿Alguien quiere un delicioso postre? ¿Qué tal si vamos a "La galletica de azúcar"?

Las demás abuchearon.

—De acuerdo, olvídense del postre. En todo caso, ya estoy harta de dulces. ¡Vamos a explorar!

Las demás chicas estaban boquiabiertas.

—¡Puaj! —exclamó Dolores—. ¡Renuncio!

—Si tú renuncias, entonces ¡yo también! —dijo una vocecita desde el fondo del salón.

307

Una vez afuera, Dolores se presentó: —Me llamo
Dolores.

—Yo soy Doris. —dijo la otra chica.

"¿Adónde podemos ir un ratico para divertirnos de *verdad*?", pensaba y pensaba Dolores. Hasta que al fin dijo: —¡Ya lo tengo!

311

Los cinco amigos pasaron el resto del día
explorando: Doris y Boris y Horacio y Morris..., pero
más que nadie Dolores...

Y al día siguiente formaron su propio club.

¡Imagínalo! | Volver a contar

Piensa críticamente

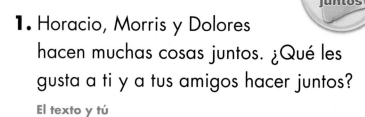
Leamos juntos

1. Horacio, Morris y Dolores hacen muchas cosas juntos. ¿Qué les gusta a ti y a tus amigos hacer juntos?
El texto y tú

2. ¿Qué mensaje crees que el autor de este cuento gracioso te está tratando de dar? **Pensar como un autor**

3. ¿Cómo cambiaron las cosas para cada uno de los personajes principales? ¿Dónde ocurrieron estos cambios?
Personaje y ambiente

4. ¿Qué sucede en el cuento para volver a reunir a los amigos? **Estructura del cuento**

5. Mira de nuevo y escribe Mira de nuevo la página 304. ¿Por qué cambia de parecer Dolores acerca del club? Da evidencia que apoye tu respuesta.

PRÁCTICA PARA EL EXAMEN | **Respuesta desarrollada**

James Howe

James Howe comenzó a escribir cuentos y obras de teatro cuando era niño. Ha escrito más de 70 libros sobre personajes divertidos, como *Bunnincula* o *Pinky y Rex*. Él piensa que la mejor forma de ser escritor es leer y …¡escribir, escribir, escribir!

Amy Walrod

El primer libro que ilustró **Amy Walrod** fue *Horacio y Morris, pero más que nadie Dolores.* Amy Walrod colecciona juguetes, loncheras, adornos para bizcochos, cosas brillantes y otros objetos que encuentra en el suelo. ¿Puedes encontrar en sus dibujos algunas de las cosas que le gusta coleccionar?

Lee otros libros sobre responsabilidad.

Yanka, yanka

Saltando por el bosque

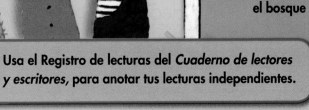

Usa el Registro de lecturas del *Cuaderno de lectores y escritores,* para anotar tus lecturas independientes.

Objetivos
- Escribir cuentos breves que tengan principio, medio y final.
- Comprender y utilizar pronombres al leer, escribir y hablar.

Escritura narrativa

Leamos juntos

¡Escribamos!

Aspectos principales de un cuento fantástico con animales

- los personajes son animales inventados
- los personajes hacen cosas que los animales reales no pueden hacer

CALLE DE LA LECTURA EN LÍNEA
GramatiRitmos
www.CalledelaLectura.com

Cuento fantástico con animales

Los cuentos fantásticos con animales cuentan cosas que no pueden suceder en el mundo real. El modelo del estudiante, en la página siguiente, es un ejemplo de cuento fantástico con animales.

Instrucciones Piensa en personajes de animales. Escribe un cuento sobre una aventura que tienen ellos.

Lista del escritor

Recuerda que debes...

☑ contar sobre animales que hacen cosas que los animales reales no pueden hacer.

☑ escribir un principio, un medio y un final.

☑ decir y usar los pronombres correctamente.

Vera y Victor

Vera y Victor son conejitos. Victor le pregunto a Vera qué quería hacer hoy.

—Vayamos a navegar —**le** respondió **ella**.

Ellos hicieron un bote con una botella de plástico. **Lo** pusieron sobre un gran charco. Entonces el bote **los** llevó muy, muy lejos.

Los **pronombres** aparecen en diferentes lugares de la oración.

Género:
En un **cuento fantástico con animales**, los personajes hacen cosas que los animales reales no pueden hacer.

Característica de la escritura: Normas:
El escritor usa los pronombres correctos como sujetos y antes de verbos de acción.

Normas

Diferentes tipos de pronombres

● **Recuerda** Los pronombres *yo, tú, él/ella, nosotros,* y *ellos/ellas* pueden usarse en el sujeto de la oración. Los pronombres *me, te, se, le, lo, nos, los,* y *les* pueden usarse antes de verbos de acción.

● **Ella** hace un dibujo. **Lo** pinta de rojo.

317

Objetivos
- Decir cuál es la idea principal de un texto y en qué se diferencia del tema. • Encontrar los hechos que están claros y específicos en el texto. • Usar las características de un texto para localizar información.

Estudios Sociales en Lectura

Género
Artículo de revista

- Los artículos de revista son ejemplos de texto expositivo.

- Los artículos de revista dan información sobre un tema.

- Los artículos de revista describen gente, sitios, y actividades.

- Los artículos de revista tienen gráficas y leyendas de ilustraciones que ayudan a explicar el tema.

- Lee "¡Patea!" Busca cómo el escritor da información en el artículo de revista.

¡Patea!

por Rich Richardson
escritor de planta

318

De primavera a otoño se pueden escuchar las exclamaciones y los gritos de alegría de niños felices. ¿Qué sucede? Juegan un deporte cada vez más popular en nuestro país: ¡el fútbol!

El fútbol se juega en casi todos los países del mundo. Niños y niñas de todas las edades adoran este deporte de mucho movimiento. Se juega fútbol en las escuelas y parques de todo Estados Unidos. Algunas ciudades han formado equipos de niños que juegan entre sí.

Las ciudades pequeñas alrededor de Chicago

cuentan con algunos de los mejores jugadores jóvenes de fútbol. Algunos niños comienzan a jugar en equipos cuando apenas tienen cuatro o cinco años de edad.

Estos jugadores corren tras la pelota.

"Patear" significa jugar bien con los pies.

Pensemos...

Fíjate en las ilustraciones y los pies de ilustraciones. ¿Cuál es el tema del artículo? **Artículo de revista**

Pensemos...

¿Dónde se juega futbol? ¿Qué te dice eso sobre el futbol? **Artículo de revista**

"Queremos que todos se diviertan", señala Kay, la entrenadora de los Goalers, un equipo formado por niños de siete años. "Tenemos un equipo mixto de niños y niñas. Aprenden a jugar juntos a medida que aprenden las reglas del juego. Y lo más importante de todo: aprenden lo que significa formar parte de un equipo".

Los jugadores del Tridente recuperan la pelota

Quien haya jugado un deporte de equipo sabe que cada integrante es importante. Los miembros del equipo tienen la responsabilidad de esforzarse al máximo. Si cada miembro del equipo hace bien su trabajo, el equipo se divierte y todos ganan.

"Ganar es siempre agradable", afirma la entrenadora Kay.

Dos miembros de los Scooters se felicitan.

Pensemos...

¿Por qué dice el escritor que los miembros del equipo "tienen la responsibilidad" de esforzarse al máximo? **Artículo de revista**

Pensemos...

¿Cuál es la idea principal del artículo? ¿Cómo puedes distinguirla del tema? **Artículo de revista**

La entrenadora Kay y los Goalers descansan antes de un partido. "Ser parte de un equipo es mucho más que ganar", afirma Kay.

"También es importante que los niños se diviertan. Formar parte de un equipo es mucho más que ganar. Es aprender tu función en el equipo y conocer tu responsabilidad con tus compañeros. Si todos trabajamos juntos, todos ganamos".

La entrenadora Kay sabe lo que dice. Su equipo, los Goalers, no ha perdido un solo juego en toda la temporada. La alegría de los niños demuestra que lo han pasado bien.

Pensemos...

Relacionar lecturas ¿Piensas que a Dolores le gustaría jugar futbol para los Goalers y para la entrenadora Kay?

Escribir variedad de textos Escribe un párrafo breve explicando tu respuesta.

¡Aprendamos!

Leamos juntos

CALLE DE LA LECTURA EN LÍNEA
LIBRO DEL ESTUDIANTE EN LÍNEA
www.CalledelaLectura.com

Vocabulario

Palabras compuestas Una palabra compuesta es una palabra larga formada por dos o más palabras pequeñas.

Paraguas es una palabra compuesta formada por **para** y **aguas**.

paraguas

¡Practícalo! Lee las palabras compuestas. Identifica las palabras que forman la palabra compuesta.

saltamontes   lavaplatos
salvavidas   abrelatas

Fluidez

Leer con expresión (Caracterización) Pon atención al guión largo al leer. El guión largo te indica cuando alguien está hablando. Lee las palabras después del guión largo como si tú fueras el personaje hablando.

¡Practícalo! Lee en voz alta las páginas 307–309 de *Horacio y Morris, pero más que nadie Dolores*. Lee las palabras que dicen los personajes como si fueras ellos mismos.

Mantener el enfoque en una presentación narrativa

Cuando cuentas un cuento, asegúrate de mantenerte enfocado. Menciona los personajes, describe el escenario y cuenta los sucesos en el orden en que sucedieron. Empieza con el principio. Luego, cuenta lo que pasó en el medio y al final. Habla claramente al contar el cuento para que la audiencia pueda seguir lo que pasó. No te apresures en terminar el cuento. Al escuchar un cuento, pon atención para averiguar qué le sucede a los personajes.

¡Practícalo! Piensa en un cuento que hayas leído. Cuenta el cuento a la clase. Recuerda hablar claramente. Mantente enfocado, y cuenta el cuento en orden del principio al final.

Sugerencias

- Describe los personajes a medida que cuentas la secuencia de sucesos del cuento.
- Usa las convenciones del lenguaje correctamente, incluyendo los pronombres.

Objetivos

• Escuchar con atención a los hablantes y hacer preguntas que te ayuden a entender mejor el tema. • Comentar información e ideas sobre el tema. Hablar con claridad y a un ritmo adecuado.

Vocabulario Oral

Hablemos sobre
Los estudiantes responsables

- Comenta la información sobre cómo podemos ser estudiantes responsables.

- Comenta tus ideas sobre hacer bien las tareas.

CALLE DE LA LECTURA EN LÍNEA
VIDEO DE HABLAR DEL CONCEPTO
www.CalledelaLectura.com

324

¡Has aprendido **193** palabras asombrosas este año!

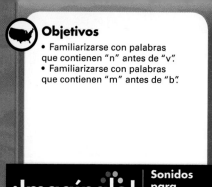

Objetivos
- Familiarizarse con palabras que contienen "n" antes de "v".
- Familiarizarse con palabras que contienen "m" antes de "b".

Fonética

Palabras con *m* antes de *b* y *p* y con *n* antes de *v*

Sonidos y sílabas que puedo combinar

r u m b o

i n v e n c i b l e

e m p e z a r

c o m p á s

i n v i e r n o

Oraciones que puedo leer

1. Me gusta cuando hace frío en el invierno.

2. Voy a escribir un cuento sobre un personaje invencible.

3. El compás nos ayuda a encontrar el rumbo y la dirección.

¡Ya puedo leer!

A Javier le gusta mucho hacer invenciones. Sus inventos son simples, pero su abuelo dice que puede ser un gran inventor si trabaja mucho en cada proyecto. Para sus trabajos trata de usar lo que encuentra en su casa, como lámparas que no usan, bombillas, sombrillas rotas, embudos o envases vacíos. A Javier no le importa mucho cómo se ven las cosas. Dice que es más importante que funcionen bien. En las vacaciones de invierno va a empezar un proyecto nuevo y yo seré su ayudante ¡Eso va a ser divertido!

Has aprendido

🔄 Palabras con *m* antes de *b* y *p* y con *n* antes de *v*

Objetivos
- Decir cuál es la idea principal de un texto y en qué se diferencia del tema.
- Hacer inferencias sobre lo que lees, usando detalles del texto para apoyar tus ideas.

¡Imagínalo!

Destreza

Estrategia

Destreza de comprensión

🎯 Idea principal

- La idea principal es la idea más importante acerca del tema.

- La idea principal a menudo se encuentra localizada en el primer o segundo párrafo.

- Usa lo que has aprendido sobre cómo identificar la idea principal, así como siguiente organizador, mientras lees "Actividades para la tarde".

| De qué habla el primer párrafo |
| De qué habla el segundo párrafo |
| De qué habla el tercer párrafo |
| De qué habla el cuarto párrafo |

→ **De qué trata todo el cuento**

Estrategia de comprensión

🎯 Inferir

El buen lector usa lo que sabe sobre cómo hacer inferencias. Hace buenas predicciones sobre la historia. Mientras lees "Actividades para la tarde", piensa en actividades extra-escolares. ¿Por qué los niños tienen interés en reunirse después de la escuela? ¿Cómo lo sabes? Escribe lo que piensas y coméntalo con un compañero.

Actividades para la tarde

Los niños deben asistir a la escuela. Ése es su trabajo. También deben cumplir con sus tareas. ¿Pero qué pueden hacer después de clases?

Estrategia Por qué crees que los niños deben cumplir con sus tareas?

En tu comunidad seguramente funcionan varios clubes después del horario de escuela, para los niños con distintos intereses. Pueden ser de deportes, música, de trabajo para la comunidad o de ciencias.

Destreza ¿Cuál es la idea principal de este párrafo?

Tal vez funcionen en la escuela o en el parque cercano a tu casa. Allí puedes conocer a otros niños que compartan tus mismos intereses y podrás hacer amigos.

Al investigar las actividades del área en dónde vives, puedes descubrir habilidades para diferentes actividades que ni siquiera imaginabas. También puedes averiguar sobre clubes de otras ciudades y pedir ayuda a un adulto, por ejemplo a un maestro, para iniciar tu nueva actividad para la comunidad.

Destreza ¿Cuál es el tema de esta selección?

¡Es tu turno!

 ¿Necesitas repasar? Mira el ¡Imagínalo!: Cuaderno de práctica para obtener ayuda sobre idea principal e inferir.

¡Inténtalo! Mientras lees *El niño de cabeza*, usa lo que has aprendido sobre idea principal e inferir.

Objetivos
• Hacer preguntas, aclarar lo que no entiendas, localizar hechos y detalles de los cuentos que lees, y apoyar tus respuestas con evidencia.
• Leer palabras con prefijos y sufijos comunes. • Usar prefijos y sufijos para descifrar el significado de las palabras.

 **Palabras para aprender**

mesabanco

alumbrado

matorral

asentarnos
broncos
encamina
idioma
resuellos

CALLE DE LA LECTURA EN LÍNEA
ACTIVIDADES DE VOCABULARIO
www.CalledelaLectura.com

Estrategia de vocabulario para

🎯 Sufijos

Estructura de las palabras Los sufijos son partes que se agregan al final de una palabra para formar una palabra nueva. Puedes usar el significado de un sufijo para ayudarte a entender el significado de la palabra. El sufijo *-ísimo* o *-ísima* significa "muy _____". Por ejemplo, *pequeñísimo* significa "muy pequeño".

1. Pon tu dedo sobre el sufijo *-ísimo* o *-ísima*.

2. Mira la raíz de la palabra. Usa la raíz en la frase "muy _____".

3. Usa ese significado en la oración. ¿Tiene sentido?

Lee "Del campo a la ciudad". Busca palabras que terminen en *-ísimo* o *-ísima*. Usa el sufijo para ayudarte a entender el significado de las palabras.

Palabras para escribir Vuelve a leer "Del campo a la ciudad". ¿Has vivido alguna vez en el campo? Escribe un cuento sobre lo que harías si vivieras en el campo. Usa palabras de la lista de *Palabras para aprender*.

Del campo a la ciudad

Mi familia y yo tuvimos que asentarnos en la ciudad. Antes vivíamos en el campo donde era muy diferente. En el campo mis amigos eran más broncos. No tenían buenos modales.

Ahora que vivo en la ciudad, voy a la escuela. La escuela está a cuatro cuadras de la casa. Mi mamá me encamina todos los días. En invierno todavía está oscurísimo cuando salimos de la casa por la mañana. Pasamos por un matorral y muchos árboles. Lo bueno es que hay un poste alumbrado. Así, con buena luz en la oscuridad de la mañana, no nos da miedo.

Inmediatamente después de llegar al salón de clase, me siento en mi mesabanco. Me preparo para la lección del día. ¡Quiero aprender mucho del idioma inglés! Quiero entender todo lo que me digan mis compañeros y amigos de la vecindad.

—¡Ah! —dice con muchos resuellos mi amiga Lidia, cada vez que le pregunto que quiso decir la maestra. Ella es buenísima. Siempre me ayuda.

Me gusta mucho la ciudad porque sé voy a aprender mucho aquí.

¡Es tu turno!

⏸ ¿Necesitas repasar? Para obtener ayuda adicional sobre cómo usar sufijos para determinar el significado de palabras, mira la sección *¡Palabras!*, en la página P.6.

 ¡Inténtalo!
Lee *El niño de cabeza* en las páginas 332 a 347.

El niño de cabeza

por Juan Felipe Herrera
ilustrado por Elizabeth Gómez

Género

La **ficción realista** cuenta sobre sucesos inventados que podrían ocurrir en la vida real. En este cuento leerás sobre un niño que ayuda a su comunidad.

¿Cómo podemos ser estudiantes responsables?

333

Cuando era niño, mi familia pasó años trabajando en los campos como campesinos. Un día, mi mamá le dijo a mi papi: "Ya es hora de asentarnos. Es hora de que Juanito vaya a la escuela". Aquel año vivíamos en las montañas del lago Wolfer, un mundo como vidrio color celeste.

La vieja troca del army de papi nos bajó por los caminos montañosos, hasta la casa color de rosa de doña Andasola, en la calle Juniper. Yo tenía ocho años y era la primera vez que iba a vivir en una gran ciudad.

—Juan Felipe Herrera

Mamá, a quien le encantan las palabras, canturrea el nombre del letrero de la calle: Juniper. "¡Juu-ni-purr! ¡Juu-ni-purr!"

Papi estaciona nuestra vieja troca del *army* en la calle Juniper en frente de la casita color de rosa de doña Andasola.

—Al fin la encontramos —grita papi—. ¡Juu-ni-purr!

—Es hora de que empieces la escuela —me dice mamá con su voz musical.

—¡Mi calle Juu-ni-purr! —yo les grito a las gallinas en el patio.

335

—No te apures, chico —me dice papi mientras me encamina a la escuela—. Todo cambia. En un lugar nuevo los árboles tienen nuevas hojas y el viento se siente fresco en el cuerpo.

Me pellizco la oreja, ¿de veras estoy aquí? Quizás el poste del alumbrado realmente es una espiga dorada de maíz con un saco gris polvoriento.

La gente va veloz y sola en sus flamantes coches que se derriten. En los valles, los campesinos cantaban: "Buenos días, Juanito".

Hago una mueca de payaso, medio chistosa, medio asustada.

—No sé hablar inglés —le digo a papi—. ¿Se me hará la lengua una piedra?

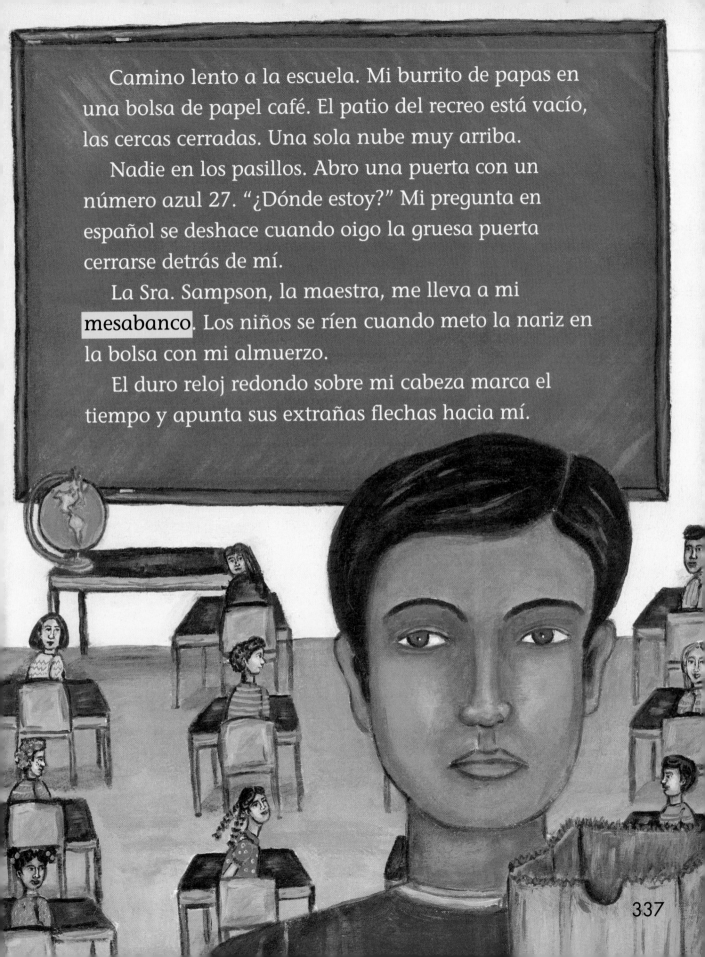

Camino lento a la escuela. Mi burrito de papas en una bolsa de papel café. El patio del recreo está vacío, las cercas cerradas. Una sola nube muy arriba.

Nadie en los pasillos. Abro una puerta con un número azul 27. "¿Dónde estoy?" Mi pregunta en español se deshace cuando oigo la gruesa puerta cerrarse detrás de mí.

La Sra. Sampson, la maestra, me lleva a mi mesabanco. Los niños se ríen cuando meto la nariz en la bolsa con mi almuerzo.

El duro reloj redondo sobre mi cabeza marca el tiempo y apunta sus extrañas flechas hacia mí.

337

En el pizarrón, veo una fila de letras del abecedario y números para sumar. Si los aprendo, ¿crecerán como semillas?

Si aprendo las palabras en inglés, ¿llegará mi voz al techo? ¿Se tejerá ahí como las hojas de las uvas?

Estamos pintando con los dedos. Dibujo soles broncos con mis manos abiertas. Coches locos hechos de tomates y sombreros de pepinos. Escribo mi nombre con siete chiles.

—¿Qué es eso? —me pregunta la Sra. Sampson. Mi lengua es una piedra.

Suena la campana de la escuela y me asusto.

Corro y agarro la bolsa de mi almuerzo y me siento
en la banca verde de acero. En unos cuantos minutos
me acabo mi burrito de papas. Pero todos están
jugando, y yo estoy solo.

—Nomás es el *recess* —mi amiguita, Amanda,
me dice en español. En español, pronuncio *recess*
despacito.

—Suena como "reses", como la palabra para
vacas, ¿verdad? ¿Qué es *recess*? —le pregunto
a Amanda.

339

La alta campana ruge otra vez.

Esta vez todos comen sus sándwiches
mientras yo juego solo en la cancha de béisbol con brisa.

—¿Esto es *recess*? —pregunto otra vez.

Cuando salto y me levanto, todos se sientan. Cuando
me siento, todos los niños se columpian en el aire.

Mis pies flotan por las nubes cuando todo lo que
quiero es tocar tierra. Soy el niño de cabeza.

Papi llega a la casa color de rosa de doña Andasola.
Le enseño mi pintura que hice con los dedos.

—¡Qué sol tan picante! Me recuerda los días de
verano del Valle de San Joaquín —dice, acomodándose
el pelo negro con las manos.

—¡Mira mamá! ¿Ves mi pintura?

—Ésos son jitomates voladores listos para la salsa
—dice mamá. Ella le enseña mi pintura a doña
Andasola, quien se la muestra a Gabino, su canario.

—Gabino, Gabino, ¿la ves? —grita doña Andasola—.
¿Qué te parece?

Gabino sacude su cabecita de un lado a
otro. "¡Pío, pío, piiiiii!"

341

La Sra. Sampson me invita a pasar al frente de la clase: —Canta, Juanito, canta una de la canciones que hemos ensayado.

Salto hacia arriba temblando. Estoy solo frente al salón.

—¿Listo para cantar? —me pregunta la Sra. Sampson. Estoy congelado, pero luego un hondo resuello me llena: "*Three blind mice, three blind mice*", canto yo.

Mis ojos se abren tan grandes como el techo y mis manos se extienden como para alcanzar gotas de lluvia del cielo.

—Tienes una voz muy *beautiful*, Juanito —me dice la Sra. Sampson.

—¿Qué es *beautiful*? —le pregunto a Amanda al salir de la escuela.

En casa, les ayudo a mamá y a doña Andasola a hacer buñuelos: tortillas dulces fritas con canela.

—Piiiiicho, ven acaaaaá —le digo cantando a mi perro mientras yo estiro una bolita de masa—. Escuuuuúchame —le canto a Picho, con sus orejas hechas triángulos de pelusa—. ¡Tengo una voz hermooooosa!

—¿Qué está cantando? —le pregunta doña Andasola a mi mamá mientras acuesta un buñuelo gentilmente en el sartén.

—Mi maestra dice que tengo una voz hermooooosa —canto, bailando con una bolita de masa pegada a mi nariz.

—Sí, sí —se ríe mamá—. A ver si tus buñuelos salen hermosos también.

—Nomás alcancé a llegar a tercer año, Juanito —me dice mamá mientras me prepara para acostarme—. Cuando vivíamos en El Paso, Texas, mi madre necesitaba ayuda en la casa. Éramos muy pobres y ella estaba cansada de limpiar casas de otra gente.

—Ese año tu mamá se ganó una medalla por deletrear bien —dice papi rasurándose en el baño.

—Tu papi aprendió el inglés sin escuela —dice mamá—. Cuando trabajaba en los trenes, él les pagaba a sus amigos un centavo por cada palabra que le enseñaban.

Murmura papi: —Cada palabra, cada idioma tiene su propia magia.

344

Después de una semana de leernos en voz alta un poema nuevo cada día, la Sra. Sampson nos dice:
—Escriban un poema —mientras toca música sinfónica en el viejo tocadiscos rojo.

Pienso en mamá, aprieto mi lápiz, derramo letras de la punta luminosa como un río flaquito.

Las olas se tropiezan sobre la página.

Las eLes se enroscan al fondo.

Las eFes ladean los sombreros de sus cabezas.

Las eMes son olas del mar. Estallan sobre mi mesabanco.

Poema de Juanito

Papi Felipe con un bigote de palabras.

Mamá Lucha con fresas en el cabello.

¡Salsa mágica en mi casa y por dondequiera que veo!

345

—¡Recibí una A por mi poema! —les grito a todos frente al patio donde mamá le corta el pelo a papi.

—Escuchen —les canto a los pollitos, con mis manos levantadas como si fuera un director de música famoso.

Les doy maicitos y les canto mi poema. A cada pollito de peluche le toca un nombre:

—¡Beethoven! ¡Tú, con la cabeza como matorral! ¡Mozart! ¡Tú, brincador salpicado de negro! ¡Johann Sebastián! ¡Gallito colorado, baila, baila!

En la mañana, caminando a la escuela, papi me mira y dice: —Tú sí tienes una voz bonita, Juanito. Nunca te había escuchado cantar hasta ayer cuando les dabas de comer a los pollos.

—Ten —me dice—. Te doy mi armónica. Tiene muchas voces, muchas canciones hermosas, como tú. ¡Cántalas!

En el Día de la Comunidad, mamá y papi se sientan en la primera fila. Doña Andasola admira nuestros dibujos en las paredes, con Gabino en su hombro.

—Nuestras pinturas se parecen a los campos floreados del Valle —le digo a Amanda.

—Tengo una sorpresa —le susurro a mamá—. Soy "El Maestro Juanito", ¡el director del coro!

La Sra. Sampson se sonríe con su sombrero de chiles y comienza la música.

Toco un *do* con mi armónica: —¡La la la laaaaah! ¿Listos para cantar sus poemas? —le pregunto a mi coro—. Uno . . .dos. . .*and three!*

Objetivos

Leer para tí mismo(a) por un rato y narrar con tus palabras lo que lees.
• Hacer unferencias sobre lo que lees, usando detalles del texto para apoyar tus ideas.

¡Imagínalo! | Volver a contar

CALLE DE LA LECTURA EN LÍNEA
ORDENACUENTOS
www.CalledelaLectura.com

Piensa críticamente

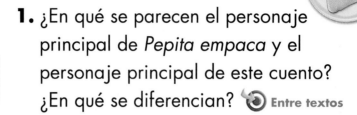

Leamos juntos

1. ¿En qué se parecen el personaje principal de *Pepita empaca* y el personaje principal de este cuento? ¿En qué se diferencian? **Entre textos**

2. En este cuento, el autor recuerda la primera vez que asistió a una escuela donde sólo se hablaba inglés. ¿Qué emociones comunica el autor? **Propósito del autor**

3. ¿Cuál es la idea principal de este cuento? **Idea principal**

4. Al principio del cuento, a Juanito le asusta un poco la escuela. Al final del cuento, él se siente feliz en la escuela. ¿Qué piensas que le ayudó? ¿Por qué? **Inferir**

5. **Mira de nuevo y escribe** Vuelve a leer la página 335. ¿La gente de la ciudad le gusta a Juanito? Da evidencia que apoye tu respuesta.

PRÁCTICA PARA EL EXAMEN | Respuesta desarrollada

Juan Felipe Herrera

Hijo de campesinos migrantes, Juan Felipe Herrera pasó gran parte de niñez en los campos agrícolas de California. Se trasladó de un lugar a otro hasta que su familia se estableció en San Diego para que él pudiera asistir a la escuela. Juan Felipe Herrera es hoy profesor de la Universidad de California. Ha ganado muchos premios por su talento como poeta y escritor.

Elizabeth Gómez

Elizabeth Gómez es una joven pintora mexicana vive en San Francisco, California. Le gusta pintor animales, plantas, mujeres o sobre que con su vida personal. Dice que le influyen aquellos autores y artistas que buscan lo mágico dentro de la realidad.

El Club del Revés

Renata y su día al revés

Lee otros libros sobre adaptarse a nuevos lugares.

 Registro de lecturas

Usa el Registro de lecturas del *Cuaderno de lectores y escritores*, para anotar tus lecturas independientes.

349

Objetivos
• Escribir cuentos breves que tengan principio, medio y final.
• Comprender y utilizar pronombres al leer, escribir y hablar.

¡Escribamos!

Aspectos principales de una ficción humorística

- cuenta un cuento gracioso

- es sobre personas y sucesos inventados

CALLE DE LA LECTURA EN LÍNEA
GramatiRitmos
www.CalledelaLectura.com

Escritura narrativa

Ficción humorística

Una **ficción humorística** cuenta un cuento gracioso. Los personajes y sucesos son inventados. El modelo del estudiante, en la página siguiente, es un ejemplo de ficción humorística.

Instrucciones Piensa en algunos cuentos graciosos que hayas leído o escuchado. Escribe un cuento hunorístico.

Lista del escritor

Recuerda que debes...

☑ contar un suceso gracioso.

☑ escribir oraciones que no comiencen de la misma manera.

☑ comparar adjetivos posesivos y pronombres posesivos.

350

El taco que hablaba

Hoy estaba pronto para comer **mi** taco. Cuando abrí la boca, escuché:

—¡No me muerdas!

¡Caramba! ¿El taco estaba hablando?

—¡Un taco no puede hablar! —me dije.

—No estoy bromeando. Debes guardarme para **tu** hermana.

La voz sonaba como la de mi hermana. El taco era **mío** pero ella quería comerlo.

Género: Ficción humorística
El escritor agrega detalles graciosos.

Las palabras *mi, tu* y *mío* son **posesivos**

Característica de la escritura: Estas oraciones comienzan de diferentes maneras.

Normas

Posesivos

Recuerda Las palabras **mi, tu, su** son **adjetivos posesivos**. Las palabras **mio, mia; tuyo, tuya** y **suyo, suya** son **pronombres posesivos**.

Objetivos

• Identificar varios estilos de escritura que se utilizan en los medios de comunicación digitales y la Internet.

Destrezas del siglo XXI

EXPERTO EN INTERNET

¿Puedes confiar en lo que lees en la Internet? Siempre debes saber quién hizo lo que lees. ¿Puedes confiar en esa persona? Es muy importante verificar cada vez.

- La Internet tiene muchos sitios que dan información.

- Tienes que distinguir qué información sea buena y cuál no.

- Los sitios en los cuales puedes confiar se terminan a menudo con *.gov, .edu, o .org.*

- Hay que verificar los sitios que terminan en *.com* con cuidado.

- Lee "Ayuda en tu comunidad". Piensa en cómo puedes distinguir si una fuente en línea es buena.

Ayuda en tu comunidad

Puedes ir a Internet para encontrar formas de ayudar en tu escuela y en tu comunidad.

Para encontrar una página web adecuada, escribe la palabra "voluntarios". Aparecen dos temas. ¿Cuál trata del trabajo voluntario? Para escoger, lee con cuidado la fuente y la descripción.

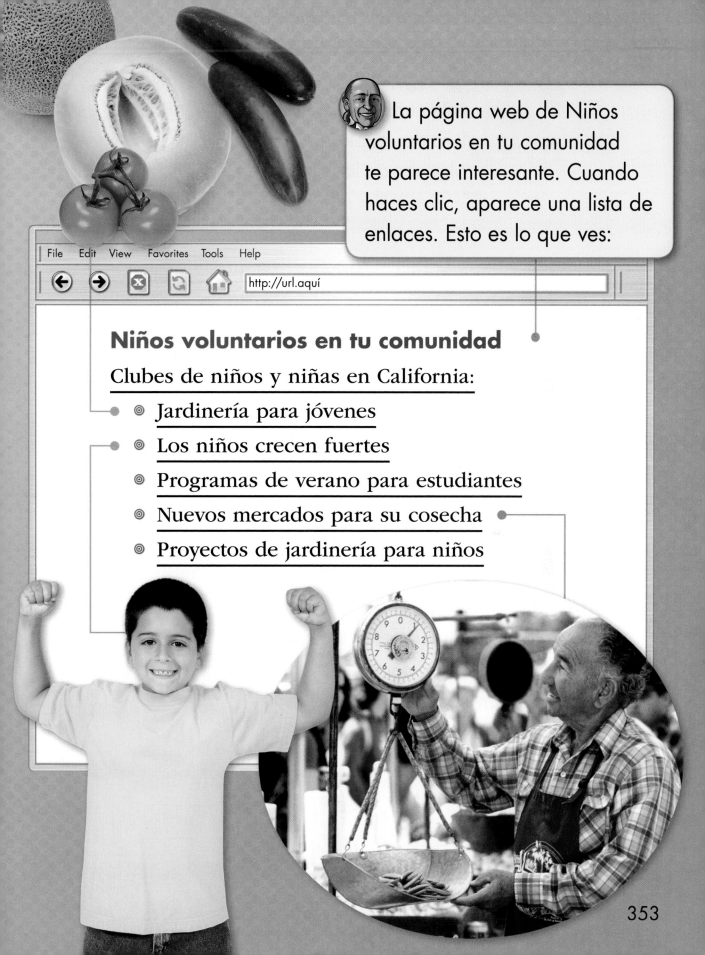

La página web de Niños voluntarios en tu comunidad te parece interesante. Cuando haces clic, aparece una lista de enlaces. Esto es lo que ves:

File   Edit   View   Favorites   Tools   Help

http://url.aquí

Niños voluntarios en tu comunidad

Clubes de niños y niñas en California:

- ◎ Jardinería para jóvenes
- ◎ Los niños crecen fuertes
- ◎ Programas de verano para estudiantes
- ◎ Nuevos mercados para su cosecha
- ◎ Proyectos de jardinería para niños

353

Seguramente quieres saber más de estas organizaciones de voluntarios. Decides explorar y haces clic en algunos de los enlaces.

File   Edit   View   Favorites   Tools

http://url.aquí

Clubes de niños y niñas en California: Jardinería para jóvenes (CGCI Youth)

Los clubes de jardinería de California comenzaron en 1931. Ofrecen enseñanza y todo tipo de ayuda a estudiantes desde preescolar hasta el 12.º Grado. Los cultivos en medio de la ciudad contribuyen al bienestar de la comunidad.

Los estudiantes también se benefician ya que practican la jardinería y, a la vez, aprenden sobre la conservación y protección de plantas, árboles y arbustos en su localidad.

Proyectos de jardinería para niños

Miles de estudiantes visitan los jardines del Centro Davis para aprender acerca del jardín ecológico. El programa lo dirige la Universidad de California.

El personal y los estudiantes crean un modelo para demostrar la influencia del clima, la tierra y el agua en el cultivo de las plantas.

El Centro Davis ofrece cursos para estudiantes, padres de familia y voluntarios.

Puedes solicitar la guía *"Gardens for Learning: Creating and Sustaining Your School Garden"*.

Después de leer la información acerca de cada organización, vas a poder decir en cuál de ellas te gustaría participar.

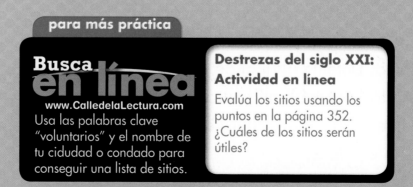

para más práctica

Busca en línea
www.CalledelaLectura.com
Usa las palabras clave "voluntarios" y el nombre de tu ciudad o condado para conseguir una lista de sitios.

Destrezas del siglo XXI: Actividad en línea
Evalúa los sitios usando los puntos en la página 352. ¿Cuáles de los sitios serán útiles?

¡Aprendamos!

Leamos juntos

CALLE DE LA LECTURA EN LÍNEA
LIBRO DEL ESTUDIANTE EN LÍNEA
www.CalledelaLectura.com

Sufijos

Estructura de la palabra Un sufijo es la parte de una palabra que se agrega al final de ésta. Las partes de la palabra **-dor** y **-dora** son sufijos. Los sufijos **-dor** y **-dora** significan "alguien que hace algo".

nada   nadador

Nada es una palabra base. **Nadadora** es la palabra base **nada** y el sufijo **-dora**. **Nadadora** significa "alguien que nada".

¡Practícalo! Agrega los sufijos **-dor** o **-dora** a cada palabra. Indica que significa la palabra.

compra   corre   trabaja   lava

Fluidez

Leer con expresión (Caracterización) Agrupa las palabras en frases al leer. También pon atención a la puntuación. Haz una pausa después de una coma. Detente al final de una puntuación tales como o un punto o un signo de interrogación. Asegúrate que entiendes lo que lees.

¡Practícalo! Lee en voz alta con un compañero las páginas 346–347 de *El niño de cabeza*. No leas palabra por palabra. Pon atención a la puntuación.

Escuchar y hablar

Prepárate para el tercer grado

Usa lenguaje form
al hablar a la clase.

Identificar y hablar a tu público

Puedes usar lenguaje informal, como modismos, cuando hablas con tus amigos o familiares. Debes usar lenguaje formal al hablar con la clase. Cuando usas lenguaje formal, usas oraciones completas, y usas convenciones propias.

¡Practícalo! Busca información sobre un animal que te gusta. Busca dos hechos acerca del animal. Presenta un reporte corto a la clase. Recuerda hablar claramente y usa lenguaje formal. Escucha con atención mientras otras personas presenten su reporte.

Sugerencias

- Usa artículos tales como un, una, el y ella en tu reporte.
- Usa adverbios de modo tales como cuidadosamente y bellamente en tu reporte.

Tradiciones

¿Qué importancia tienen las tradiciones y celebraciones en nuestra vida?

Objetivos

• Escuchar con atención a los hablantes y hacer preguntas que te ayuden a entender mejor el tema. • Comentar información e ideas sobre el tema. Hablar con claridad y a un ritmo adecuado.

Vocabulario Oral

Hablemos sobre

Las tradiciones de nuestro país

- Comenta la información sobre la importancia de las tradiciones de nuestro país.

- Comenta tus ideas sobre las comidas, cuentos y objetos en las tradiciones.

CALLE DE LA LECTURA EN LÍNEA
VIDEO DE HABLAR DEL CONCEPTO
www.CalledelaLectura.com

360

Fonética

Sufijos -mente, -dad

Sonidos y sílabas que puedo combinar

honestidad

bondad

felizmente

completmente

facilidad

Oraciones que puedo leer

1. Mi gato está completamente dormido en la mesa.

2. Felizmente, acabé mi tarea con facilidad.

3. La gente conoce a mi abuela por su honestidad y bondad.

¡Ya puedo leer!

Mi vecino Arturo va de pesca con su papá semanalmente. Pone la carnada en el anzuelo con gran naturalidad, y lo hace completamente solo. Suavemente saca un gusano de la caja y con facilidad lo engancha en el anzuelo. Luego, cuando un pez pica, jala de la caña de pescar con mucha agilidad. Arturo me dijo que inicialmente no sabía que hacer pero ahora pescar ya no es novedad para él. Mensualmente Arturo enseña a pescar otros niños en el centro de la comunidad. ¡Ciertamente es un gran pescador!

Has aprendido

Sufijos -mente, -dad

Objetivos

• Hacer preguntas, aclarar lo que no entiendas, localizar hechos y detalles de los cuentos que lees, y apoyar tus respuestas con evidencia. • Establecer un propósito para leer y hacer correcciones cuando no entiendas lo que estás leyendo. • Verificar tu comprensión y hacer correcciones cuando no entiendas lo que lees.

¡Imagínalo!

Destreza

Estrategia

CALLE DE LA LECTURA EN LÍNEA
Animación de ¡Imagínalo!
www.CalledelaLectura.com

Destreza de comprensión

Comparar y contrastar

• Cuando comparas, dices en qué se parecen las cosas. Cuando contrastas dices en qué se diferencian las cosas.

• *Como, igual, también, ambos* y *a diferencia de*, son palabras clave.

• *Pero, sin embargo,* y *a diferencia de* son palabras clave para las diferencias.

• Usa lo que has aprendido sobre comparar y contrastar para completar el siguiente diagrama, mientras lees "¿Qué cosas hacen un país?"

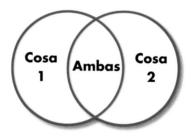

Estrategia de comprensión

Verificar y aclarar

El lector activo se hace preguntas durante y después de la lectura. Si no estás seguro de la respuesta exacta a la pregunta, puedes retroceder y volver a leer. Busca palabras o frases clave como ayuda para hallar la respuesta.

¿Qué cosas hacen un país?

Muchas cosas hacen un país. Algunas características son su gente, el territorio, las costumbres, los símbolos, la historia y las celebraciones.

¿Cómo sería Estados Unidos con costumbres distintas de las que conocemos? La respuesta es: ¡un país muy diferente!

En Estados Unidos, como en otros países, hay celebraciones nacionales. Por ejemplo, en Estados Unidos celebramos el Día de la Independencia el 4 de julio, pero en México celebran su independencia el 16 de septiembre.

Destreza Este párrafo habla de en qué se parecen las celebraciones de Estados Unidos y otros países. ¿Qué palabra clave usa el autor para comparar?

Ambos países tienen días especiales en su historia o para hacer homenaje a sus símbolos. A diferencia del 14 de junio, día en que celebramos la creación de la bandera estadounidense, México tiene su día especial de la bandera: el 24 de febrero.

Estrategia Pregúntate, ¿cuáles son algunas de las diferencias? Vuelve a leer el artículo y busca palabras clave para hallar la respuesta.

De igual forma sucede con cada país. Todos tienen sus características y tradiciones que lo hacen único y especial.

¡Es tu turno!

⏸ **¿Necesitas repasar?** Mira el *¡Imagínalo!: Cuaderno de práctica* para obtener ayuda sobre comparar y contrastar y verificar y aclarar.

Pensemos...

▶ **¡Inténtalo!** Mientras lees *Amelia y la fiesta de "muestra y cuenta"*, usa lo que has aprendido sobre comparar y contrastar y verificar y aclarar.

Objetivos

• Usar claves del contexto para entender el significado de palabras que no sabes o palabras que tienen más de un significado.

carnaval

frunciendo

meneando

arremolina
mostró
objetos
paralizada
samba

Estrategia de vocabulario para

Homófonos

Claves del contexto Los homófonos son palabras que suenan igual pero que se escriben de distinta manera y tienen significado diferente. Por ejemplo, *bello* significa "hermoso" y *vello* significa "pelo suave". *Tubo* o es "un cilindro hueco" y *tuvo* viene del verbo tener. Usa claves del contexto para ayudarte a determinar el significado relevante de una palabra.

1. Cuando leas una palabra que tiene un homófono, mira las palabras que están cerca.

2. Usa el contexto para determinar el significado del homófono.

Mientras lees "El cumpleaños de Sara", busca palabras que sean homófonas. En una hoja separada, escribe la palabra y su homófono. Escribe el significado de cada palabra.

Palabras para escribir Vuelve a leer "El cumpleaños de Sara". ¿Cómo celebras tu cumpleaños? Escribe sobre ello. Usa palabras de la lista de *Palabras para aprender*.

El cumpleaños de Sara

Sara ha invitado a muchos amiguitos a su fiesta de cumpleaños. Hasta invitó a uno de sus compañeros de clase: a Juan, quién es muy travieso. La hermana mayor de Sara se ríe y frunciendo el entrecejo y meneando la cabeza, piensa "seguro que Juan va a hacer una travesura como siempre. ¿Qué será esta vez? La última vez trajo objetos y un tubo largo. Se los mostró al perro. Después mi mamá tuvo que llamar a mi papá porque el tubo se quedó estancado en la puerta".

El día de la fiesta, sus amiguitos llegan y le traen regalos. Después de abrir varios regalos, le toca abrir el regalo de Juan. Mientras lo abre, siente que algo se mueve. Termina de sacar el papel del regalo, cuando de repente, algo salta. Se queda paralizada. Era un muñeco de peluche con un resorte abajo. ¡Todos empezaron a reírse!

Después de comer bocaditos y tomar limonada, su mamá pone música de la que se baila en el carnaval brasileño, la samba. Todos se ponen a bailar. Le preguntó mi mamá si recuerda cómo la gente se arremolina en el centro de la plaza para y bailar hasta cansarse.

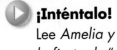
¡Es tu turno!

¿Necesitas repasar? Para obtener ayuda adicional sobre cómo usar claves del contexto para ayudarte a determinar los significados de homófonos, mira la sección *¡Palabras!*, en la página P.12.

Pensemos...

¡Inténtalo! Lee *Amelia y la fiesta de "muestra y cuenta"* en las páginas 368 a 381.

Amelia y la fiesta de "muestra y cuenta"

por Mimi Chapra
ilustrado por Martha Avilés

¿Por qué son importantes las tradiciones de nuestro país?

¡Pensemos en la lectura!

Pensemos...

¿Qué te parece conocido de la ilustración? **Conocimientos previos**

Por las escaleras sube Amelia, saltando los escalones de dos en dos. Está en la escuela, su nueva escuela americana.

Se sienta en la primera fila del salón de clase. Y presta atención a la maestra y a cada una de sus frases.

Pensemos...

¿Piensas que será divertida la hora de "muestra y cuenta" de la clase de Amelia? ¿Por qué? **Predecir y establecer propósitos**

—Para la hora de "muestra y cuenta" de mañana —dice la señora Jenner—, traigan algo especial que quieran compartir con sus amigos. Así todos tendrán la oportunidad de hablar sobre sus tesoros.

371

—Ay —dice Amelia con una palmada—.
Creo que entiendo lo que dice.

Y le surgen ideas y planes muy grandes
que la arrastran como la marea.

"Para mi primera hora de 'muestra
y cuenta', hallaré algo estupendo de mi
queridísima isla".

Pensemos...

El cuento es sobre
la hora de "muestra
y cuenta". ¿Qué
recuerdas de la
última hora de
"muestra y cuenta"
de tu clase?
**Conocimientos
previos**

Pensemos...

¿Por qué piensas
que esta hora de
"muestra y cuenta"
es la primera
para Amelia?
Preguntar

Con los ojos cerrados, Amelia se imagina
su vestido de fiesta, el mismo que llevó al
desfile de carnaval.

"Perfecto", ya está decidido. Y su sonrisa
es más ancha que el mar de Miramar.

A la mañana siguiente, Amelia amanece antes que el gallo.

Mirando a través de la ventana, se peina el cabello rizo, una y otra vez.

Con cuidado, se pone su vestido tan especial.

—Mi vestido de fiesta tiene una, dos, tres finas faldas —dice Amelia orgullosa.

Luego, da un pequeño giro y sus faldas de volantes fruncidos se menean.

El rojo envuelve sus caderas, como chiles picantes.

Pensemos...

¿Alguna vez has cerrado tus ojos e imaginado cosas? ¿Qué cosas has imaginado?
Preguntar

374

El amarillo se arremolina a la altura de sus rodillas, como un mar de maíz.

El blanco rodea sus pies, como una bandada de gaviotas blancas.

Pensemos...

¿Con qué cosas compararías los colores de la ropa que llevas puesta? **Ideas importantes**

Cuando mamá ve a Amelia luciendo tan bella, dice:

—¡Magnífico! —y coloca una gardenia entre los cabellos de su hija.

Luego, de la mano, caminan hacia la nueva escuela.

Amelia entra al salón de clase. Mira el salón de un vistazo, y de repente se siente tonta, como un pollo loco.

"¿Qué pasa?", se pregunta. "¡Soy la única vestida para la ocasión!"

Desde el otro asiento, Parvati pregunta:
—¿Qué trajiste?

—¿Qué traje? —contesta Amelia frunciendo el ceño—. Mi vestido de fiesta, eso traje.

—No, quiero decir, ¿qué trajiste para la canasta de "muestra y cuenta"?

—No comprendo —dice Amelia en voz baja.

Parvati señala el escritorio de la maestra. Y Amelia ve una canasta repleta de objetos especiales. En un nido de paja está el elefante de barro que Parvati trajo de la India, el camión de Moyo, hecho a mano, y la cometa de Akio, en forma de carpa.

Pensemos...

¿Hay en tu clase
una canasta como
ésta para "cuenta
y muestra"?
Preguntar

377

Ahora su vestido de fiesta ya no luce tan especial. No lo puede colocar en la canasta, ni hacerlo circular por la clase para que lo toquen los demás, como los otros magníficos juguetes.

"Caramba", suspira Amelia. "Quiero volver a casa".

De repente escucha a la Sra. Jenner que la llama con ternura.

—Ay, esto es un gran error: ¡No traje nada para la hora de "muestra y cuenta"!

Pensemos...

¿Piensas que Amelia tendrá que volver a su casa? ¿Por qué? **Predecir y establecer propósitos**

De pie, frente a todos y con las manos vacías, Amelia se queda paralizada.

—Amelia —dice la maestra suavemente—, cuéntanos de tu hermoso vestido.

Pero Amelia no puede decirle nada a la clase sobre su vestido de fiesta con una, dos, tres finas faldas.

Pensemos...

¿Qué detalles de la ilustración te dicen lo que está pasando?
Verificar y aclarar

Pensemos...

¿Conoces la
canción La Bamba?
Preguntar

Amelia comienza a alejarse, cuando de repente, ¡*shush!* Su falda susurra y despierta sus sentidos.

Amelia recuerda las brisas tropicales y sus ruidos. Las brisas tropicales que hacen menear los cocoteros. Recobra su voz, tiene algo que decir.

—LA, LA, LA BAMBA —canta Amelia—. En mi isla querida nos encantan las fiestas.

Y nota que las caras curiosas la miran con sorpresa.

—¡Nos encantan las fiestas con bailes en las calles!

Y ¡*shush!*, Amelia muestra sus ruidosas faldas meneando una samba, girando en un tango, danzando una rumba.

Todos escuchan el meneo de las faldas de Amelia. Comienzan a gritar: "¡Viva! ¡Viva!". Y aquí mismo, en los Estados Unidos, Amelia se siente en casa.

Pensemos...

¿Qué sucede en este cuento? ¿Qué presentó Amelia para la hora de "muestra y cuenta"? **Resumir**

Objetivos
• Describir los personajes principales en los cuentos, y el por qué se sienten y actúan de la manera como lo hacen.
• Decir cuál es el tema y explicar el propósito del autor al escribir.

¡Imagínalo! | Volver a contar

CALLE DE LA LECTURA EN LÍNEA
ORDENACUENTOS
www.CalledelaLectura.com

Piensa críticamente

Leamos juntos

1. El "tesoro" de Amelia es su vestido de fiesta. ¿Cuál es tu "tesoro"? Explica por qué. **El texto y tú**

2. La autora compara el rojo del vestido de Amelia con chiles picantes, el amarillo con un mar de maíz y el blanco con una bandada de gaviotas. ¿Por qué crees que decidió usar esas palabras? **Pensar como un autor**

3. Describe la hora de "muestra y cuenta" de la clase de Amelia. Compárala con la hora de "muestra y cuenta" de tu clase. ¿En tu clase hay una canasta especial? ¿Circulan los objetos por la clase? ¿Participan todos los estudiantes el mismo día? **Comparar y contrastar**

4. Piensa una pregunta sobre el día de "muestra y cuenta". Vuelve a leer para hallar la respuesta. ¿Qué pistas te ayudaron a hallar la respuesta? **Verificar y aclarar**

5. Mira de nuevo y escribe Vuelve a leer la página 380. ¿Qué recuerda Amelia? Da evidencia que apoye tu respuesta.

PRÁCTICA PARA EL EXAMEN | **Respuesta desarrollada**

Mimi Chapra

Mimi Chapra nació en Cuba. Cuando tenía cinco años, se mudó a los Estados Unidos. A esa edad, ella creía que todo el mundo hablaba español y no entendía por qué los niños huían de ella cuando les hablaba. Su madre le explicó que los niños de los Estados Unidos simplemente no entendían lo que les decía. A partir de las experiencias que tuvo de niña, Mimi Chapra escribe ahora sobre los obstáculos que los niños encuentran en un país extranjero.

Lee otros libros sobre tradiciones.

Martha Avilés

Martha Avilés vive con su familia en la Ciudad de México. Ha ilustrado muchos libros en español. También ha participado en exposiciones de ilustraciones infantiles.

Cinco de Mayo

La fiesta de la piñata

Registro de lecturas

Usa el Registro de lecturas del *Cuaderno de lectores y escritores,* para anotar tus lecturas independientes.

Leamos juntos

¡Escribamos!

Aspectos principales de una ficción realista

- los personajes y el ambiente parecen reales
- los personajes hacen cosas que podrían suceder realmente

CALLE DE LA LECTURA EN LÍNEA
GramatiRitmos
www.CalledelaLectura.com

Ficción realista

Una ficción realista cuenta sucesos inventados que podrían pasar. El modelo del estudiante, en la página siguiente, es un ejemplo de ficción realista.

Instrucciones Piensa en uno de tus héroes deportivos favoritos. Escribe un cuento sobre un personaje que quiere ser como esa figura deportiva.

Lista del escritor

Recuerda que debes...

☑ incluir sucesos que podrían pasar realmente.

☑ incluir un final interesante.

☑ usar mayúsculas correctamente.

El admirador de Walter Payton

Mi abuela le contó a Mark sobre Walter Payton. Payton jugó futbol americano hace muchos años. Mark leyó un libro sobre él.

Desde entonces, Mark quiso correr tan rápido como Walter Payton.

En **Navidad**, Mark jugó futbol americano con sus hermanos. Él anotó el gol de la victoria.

Ahora mi abuela se sonríe y lo llama "Sr. Payton".

Género:
Una **ficción realista** tiene sucesos que podrían pasar realmente.

El escritor usó **mayúscula** al comienzo del nombre del día de fiesta.

Característica de la escritura: Organización:
El escritor incluye un final interesante.

Normas

Uso de las mayúsculas

Recuerda La **primera letra** de cada oración, así como la de los **nombres de personas** y la de los **días de fiesta** se escribe con mayúscula.

Los días de la semana y los meses **no** se escriben con mayúscula.

385

Estudios Sociales en Lectura

Género
No ficción expositiva

● El texto expositivo puede explicar a los eventos en el pasado.

● El texto expositivo da hechos y detalles.

● El text expositivo puede tener mapas y ilustraciones con leyendas.

● Lee "Celebración de un grito". Busca los aspectos que lo hacen texto expositivo.

Celebración de un GRITO

por Margarita Cárdenas

¿SABÍAS QUE cada año se celebra una gran fiesta en recuerdo de un grito? Ese grito se dio hace casi 200 años en Nueva España, que era el nombre de México antes de ser un país independiente. Es lo que hoy se celebra, no sólo en México sino también en California y otros estados.

¡Viva

Fragmento del mural de Juan O'Gorman que ilustra el Grito de Dolores.

¿Qué fue el grito?

México estaba gobernado por el Rey de España. Los mexicanos querían vivir en un país libre. El 15 de septiembre de 1810, el padre Miguel Hidalgo tocó la campana de su iglesia en la ciudad de Dolores para reunir a la gente. Entonces, con un grito, llamó a luchar por la independencia.

¡México!

387

¿Qué pasó después del grito?

México logró finalmente su independencia en 1821. Desde entonces, esa fecha se celebra con fiestas en las calles, mariachis, antojitos y bailes.

En la ciudad de México, a los niños les gusta ver la plaza del Zócalo adornada con banderas y con miles de luces de colores. El presidente hace sonar la campana del padre Hidalgo y recuerda el famoso Grito de Dolores con otro grito: "¡Viva México!". Por la noche, el cielo se ilumina con fuegos artificiales.

Pensemos...

¿Cómo celebra el Grito de Dolores el pueblo de México? Da unos detalles del texto.

¡Y en San Diego también!

Hace muchos años, California era parte de México. Por eso, en muchas ciudades de California también se celebra el Grito de Dolores. En la ciudad de San Diego hay fiestas callejeras con mariachis y platos típicos, ¡lo mismo que en México!

Hay grupos de teatro y títeres que representan la historia de San Diego. Hay concursos del "grito" ¡y hasta concursos de comer chiles! Además de música mexicana, hay música de jazz latino. Es así como el 15 y 16 de septiembre, San Diego reúne a personas de diferentes culturas para celebrar juntas su historia.

Pensemos...

¿Cuáles son los eventos históricos más importantes del texto? Muéstralos en una línea cronológica.

Pensemos...

Relacionar lecturas En *Amelia y la fiesta de "muestra y cuenta"* y en "Celebración de un grito" se mencionan diferentes formas de celebrar algo importante para un país. Piensa en otras formas de celebrar hechos históricos importantes que conozcas.

Escribir variedad de textos Escribe una lista de diferentes celebraciones que conozcas.

Objetivos

• Leer en voz alta textos adecuados al grado en que tú estás. • Usar claves del contexto para entender el significado de palabras que no sabes o palabras que tienen más de un significado. • Comprender y utilizar sustantivos (singular/plural, común/propio) al leer, escribir y hablar. • Escuchar con atención a los hablantes y hacer preguntas que te ayuden a entender mejor el tema.

CALLE DE LA LECTURA EN LÍNEA

LIBRO DEL ESTUDIANTE EN LÍNEA

www.CalledelaLectura.com

Vocabulario

Homófonos

Claves del contexto Los **homófonos** son palabras que suenan igual pero que se escriben de distinta manera y tienen distinto significado. Puedes usar el contexto para entender el significado de un homófono.

Hay mucha **hierba** en este jardín.

—Espera a que **hierva** el agua —dijo mi abuela.

¡Practícalo! Usa el contexto para averiguar el significado de cada una.

1. María se riza el pelo. Esta foto del payaso me da mucha risa.

2. La casa es grande. La caza de leones está prohibida.

Fluidez

Leer con precisión y ritmo apropiado Lee con precisión. Lee las palabras que ves. No omitas o agregues palabras. Lee a un ritmo confortable. Lee al mismo ritmo al que hablas.

¡Practícalo! Lee el siguiente texto con un compañero.

1. Mi amiga, Kim, quiere ser una piloto aviador cuando crezca.

2. Jamal quiere ser un piloto de carros de carreras.

Escuchar y hablar

Usa palabras de vocabulario claras y específicas cuando das un reporte oral.

Usa vocabulario para expresar ideas y establecer el tono

Cuando das un informe oral, usa vocabulario claro y específico para expresar ideas y establecer el tono. Elige las palabras con cuidado para tus reportes. Ciertas palabras específicas pueden hacer más claro tu mensaje. Por ejemplo, si quieres habar de un árbol de cerezas usa la palabra *cerezas*. No digas árbol de frutas. Cuando usas palabras específicas, tu público sabrá exactamente lo que quieres decir. Las palabras que usas también pueden indicarle a tu público cómo te sientes.

Algunas veces cuando escuchas, es posible que no entiendas alguna palabra. Quizá no entiendes lo que quiere decir la persona que habla. Haz preguntas. Las respuestas te ayudarán a entender el mensaje de la persona que habla.

¡Practícalo! ¿Qué actividad te gusta hacer cuando no estás en la escuela? Prepara un informe. Dile a la clase acerca de algo que te gusta hacer fuera de la escuela. Asegúrate de usar correctamente sustantivos comunes en tu reporte. Usa lenguaje formal al dar tu informe. Cuando otras personas den su informe, escucha con atención. Haz preguntas si no entiendes.

Vocabulario Oral

Hablemos sobre

Celebraciones de la familia

- Comenta la información sobre tradiciones culturales y ciertas actividades.

- Comenta tus ideas sobre comidas especiales.

CALLE DE LA LECTURA EN LÍNEA
VIDEO DE HABLAR DEL CONCEPTO
www.CalledelaLectura.com

Objetivos
- Identificar la sílaba acentuada.
- Decodificar palabras que tengan tilde. • Escribir palabras que tienen acento en la última sílaba.

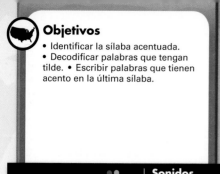

jabón

/j/

papá

/p/

violín

/b/

CALLE DE LA LECTURA EN LÍNEA
TARJETAS DE SONIDOS Y GRAFÍAS
www.CalledelaLectura.com

Fonética

Acentuación: Palabras agudas

Sonidos y sílabas que puedo combinar

sil**lón**

balón

cinturón

sofá

papá

Oraciones que puedo leer

1. Tengo un balón de fútbol nuevo.

2. Tenemos un sofá de color café y un sillón rojo.

3. Mi papá necesita un cinturón.

¡Ya puedo leer!

¡Cuando descubrí que íbamos en avión a San Salvador me dió mucho gusto. Viajar en autobús toma mucho tiempo. Estoy seguro que pasaré unas vacaciones inolvidables con mis abuelos, tíos y primos. Jugaré todos los días en el campo. Jamás me voy a levantar tarde para poder jugar muchas horas. Comeré toda la comida sabrosa de mi abuelita. También quiero jugar fútbol. Espero que mi primo Tito tenga un balón. Ya sé que la despedida va a ser triste. La última vez que fuimos, mi abuelita lloró cuando me subí al taxi.

Has aprendido

- Acentuación: Palabras agudas

Objetivos

• Decir cuál es el tema y explicar el propósito del autor al escribir.
• Decir cuál es la idea principal de un texto y en qué se diferencia del tema. • Volver a contar los sucesos importantes de un cuento, en el orden apropiado.

¡Imagínalo!

Destreza

Estrategia

CALLE DE LA LECTURA EN LÍNEA
ANIMACIONES DE ¡IMAGÍNALO!
www.CalledelaLectura.com

Destreza de comprensión

Propósito del autor

• Un autor tiene un motivo para escribir.

• Un autor puede escribir para entretener, describir o explicar.

• A medida que lees "Banderas", usa una tabla como esta para identificar el tema y el propósito del autor al escribir este artículo.

Tema del cuento	Propósito del autor

Estrategia de comprensión

Resumir

Un resumen es un relato breve de un párrafo o de una historia. Resumes al contar con tus propias palabras de qué trata el párrafo o la historia. Sólo das las ideas más importantes. Resumir mientras lees te puede ayudar a recordar los sucesos importantes. Es una estrategia que utiliza el buen lector para comprobar su comprensión.

Banderas

Una bandera es un pedazo de tela. Pero es mucho más que eso. Una bandera es un símbolo. Puede representar a un país.

Las banderas de Canadá, Estados Unidos y Mexico usan colores y símbolos diferentes.

Una bandera envía un mensaje. Cada color e imagen en la bandera indica algo. El color rojo representa el coraje. El color blanco representa la paz. El color azul representa la libertad. Las banderas de Estados Unidos, Francia y Laos son rojas, blancas y azules.

Estrategia Resume este párrafo con tus propias palabras.

Muchas banderas tienen imágenes. Un dibujo de un águila puede representar la libertad. Ambas banderas, la de Egipto y la de Ecuador tienen un águila. Otras banderas como la de EE.UU. tienen estrellas. La bandera de China tiene cinco estrellas. La bandera de Ghana tiene una estrella grande. La bandera turca tiene una estrella y la silueta de la luna.

Destreza ¿Por qué el autor escribió este texto?

¡Es tu turno!

⏸ **¿Necesitas repasar?** Mira el *Cuaderno de práctica* para obtener ayuda sobre propósito del autor y resumir.

▶ **¡Inténtalo!** Mientras lees *Roja, blanca y azul: La historia de la bandera estadounidense*, usa lo que has aprendido sobre propósito del autor y resumir.

América

aniversario

estrellas

bandera
franjas
sobrenombres

Estrategia de vocabulario para

🎯 Palabras con varios significados

Claves del contexto Cuando lees, puedes encontrar una palabra que tiene más de un significado. Por ejemplo, *peso* es la "moneda de algunos países". También significa "una balanza u otro utensilio para pesar". Puedes usar claves del contexto para determinar el significado relevante.

1. Usa el significado que conoces. ¿Tiene sentido? Si no, puede tener más de un significado.

2. Continúa leyendo y mira las palabras que están cerca. ¿Puedes entender el significado del contexto?

3. Usa el nuevo significado en una oración. ¿Tiene sentido?

Lee "La bandera de los Estados Unidos". Usa el contexto para entender el significado relevante de las palabras con varios significados.

Palabras para escribir Vuelve a leer "La bandera de los Estados Unidos". Escribe sobre lo que la bandera significa para ti.

LA BANDERA DE LOS ESTADOS UNIDOS

La llamamos la Roja, Blanca y Azul. También la llamamos Estrellas y Franjas. Estos son los sobrenombres de la bandera de los Estados Unidos. Puedes imaginar por qué la gente llama a la bandera con esos nombres. ¿Qué colores ves? Ves rojo, blanco y azul. ¿Qué patrones ves? Ves estrellas y franjas.

La gente cuelga la bandera afuera en sus casas en días especiales como el cuatro de julio. Ése es el aniversario de nuestro país.

Ese día hace mucho tiempo, las colonias americanas declararon su independencia de Inglaterra. Pero no tienes que esperar hasta los días feriados. Puedes colgar la bandera en cualquier momento que quieras. Cuando la veas, piensa en lo que representa – América y libertad.

¡Es tu turno!

¿Necesitas repasar? Para obtener ayuda adicional sobre el uso de claves del contexto y las palabras con varios significados, mira la sección *¡Palabras!*, en las páginas P.7 y P.10

¡Inténtalo! Lee *Roja, blanca y azul* en las páginas 400 a 417.

Roja, blanca y azul

★ ★ ★ ★ ★ ★ **La historia de** ★ ★ ★ ★ ★ ★

LA BANDERA ESTADOUNIDENSE

★ ★ ★ ★ ★ ★ por ★ ★ ★ ★ ★ ★

John Herman

ilustrado por

Shannan Stirnweiss

Género

El **texto informativo/ Cultura e Historia** ofrece hechos sobre gente, lugares y sucesos reales que reflejan cultura e historia. Busca hechos a medida que lees.

400

Pregunta de la semana

¿En qué celebraciones y tradiciones está presente la bandera de nuestro país?

Todos conocemos la bandera estadounidense. Sus brillantes colores ondean en los juegos de béisbol. Ondea en los desfiles del Cuatro de Julio. ¡La vemos incluso en prendas de vestir!

Nuestra bandera tiene muchos sobrenombres, como la Bandera nacional y la Bandera roja, blanca y azul. A veces también la llaman la Bandera de las franjas y las estrellas. ¿Pero de dónde salió nuestra bandera? ¿Quién decidió cómo sería? La verdad es que nadie lo sabe con seguridad.

Allá por el siglo XVIII, los Estados Unidos no tenía bandera. No la necesitaba. Ni siquiera era un país todavía.

Eran sólo trece colonias. Como las colonias pertenecían a Inglaterra, la bandera inglesa era la que se veía en las ciudades, desde New Hampshire hasta Georgia.

Pero las trece colonias ya no querían pertenecer más a Inglaterra. Los estadounidenses decidieron luchar por su libertad.

Y comenzó la Guerra de Independencia. Ahora se necesitaba una nueva bandera: una bandera estadounidense.

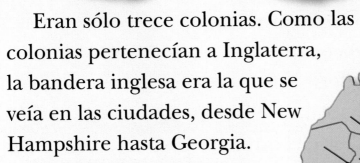

Las 13 colonias originales

New Hampshire
Massachusetts
Rhode Island
Connecticut
Nueva York
Nueva Jersey
Pensilvania
Delaware
Maryland
Virginia
Carolina del Norte
Carolina del Sur
Georgia

¿Quién diseñó nuestra primera bandera? Algunos dicen que fue una mujer llamada Betsy Ross. Quizás hayas oído hablar de ella. Era dueña de un taller de costura en Filadelfia. Era famosa por su habilidad como costurera.

Cuenta la historia que un día la visitó un general. El general era George Washington, quien estaba al mando de las tropas estadounidenses.

El general Washington quería una nueva bandera. Eso haría que sus soldados se sintieran como un verdadero ejército, que peleaba por una nación de verdad.

Quería que Betsy Ross hiciera esta bandera y le hizo un dibujo de lo que quería.

Betsy Ross

George Washington

Primera bandera estadounidense

Betsy Ross hizo algunos cambios. Después le mostró el dibujo al general Washington. ¡A él le gustó!

Betsy Ross cosió la bandera. Y ésa fue la primera bandera de las franjas y las estrellas.

Ésa es la historia, y es una buena historia. Pero, ¿será cierta? El nieto de Betsy Ross decía que sí. Dijo que Betsy le contó la historia cuando él era un niño y ella era una anciana de ochenta y cuatro años. Pero no hay pruebas de que sea verdad. Entonces, ¿qué sabemos *con certeza*?

Sabemos que durante la Independencia los colonos usaron muchas banderas diferentes.

Banderas de la Guerra de Independencia

Pero una vez que las colonias se transformaron en los Estados Unidos de América, la nación necesitaba sólo *una* bandera, la misma bandera para todos.

Así, el 14 de junio de 1777 se tomó una decisión. La bandera iba a tener trece franjas rojas y blancas. Además, iba a tener trece estrellas blancas sobre un fondo azul, una por cada una de las trece colonias. Ahora los Estados Unidos tenía una bandera.

El Congreso escogió los colores, las estrellas y las franjas. Pero no dijo dónde debían ir esas estrellas y franjas. Por eso la bandera no siempre se veía igual.

La gente las podía poner como quisiera. A veces las franjas eran verticales, como en esta bandera.

A veces las estrellas iban en círculo, como en esta otra.

Pero a nadie le importaba. Verticales u horizontales, las franjas y las estrellas seguían representando a los Estados Unidos.

Con el paso de los años, la bandera se volvió cada vez más importante para las personas.

En 1812, los Estados Unidos estaba de nuevo en guerra con Inglaterra. Llegaron soldados ingleses a los Estados Unidos. Navegaron por nuestros ríos. Marcharon por nuestras calles. Hasta incendiaron la Casa Blanca, el hogar del Presidente.

407

Bandera de la batalla en el fuerte McHenry

La noche del 13 de septiembre de 1814, los soldados ingleses bombardearon un fuerte en Maryland. Toda esa noche un hombre observó la lucha. Su nombre era Francis Scott Key. Estaba asustado. ¿Qué pasaría si los soldados estadounidenses del fuerte se rendían?

Pero en la madrugada, Key vio la Bandera de las franjas y las estrellas. ¡Aún ondeaba arriba en el fuerte! Supo entonces que los soldados estadounidenses habían ganado la batalla.

Key se sintió muy orgulloso. Escribió un poema sobre la bandera en el fuerte: "La bandera adornada de estrellas". Más tarde le pusieron música a ese poema. Esta canción sobre la bandera se convirtió en nuestro Himno nacional.

Francis Scott Key

La bandera que Francis Scott Key vio tenía quince franjas y quince estrellas.

¿Por qué? Porque entonces se habían unido dos estados más: Vermont y Kentucky.

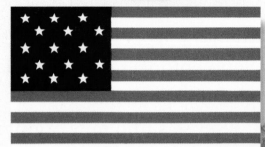

Bandera estadounidense en 1814

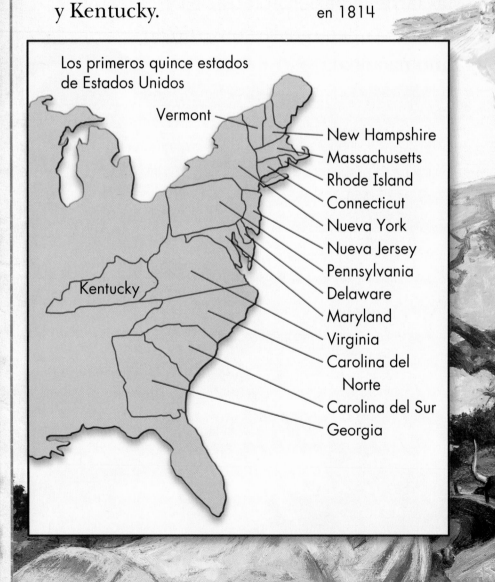

Los primeros quince estados de Estados Unidos

Vermont

Kentucky

New Hampshire
Massachusetts
Rhode Island
Connecticut
Nueva York
Nueva Jersey
Pennsylvania
Delaware
Maryland
Virginia
Carolina del Norte
Carolina del Sur
Georgia

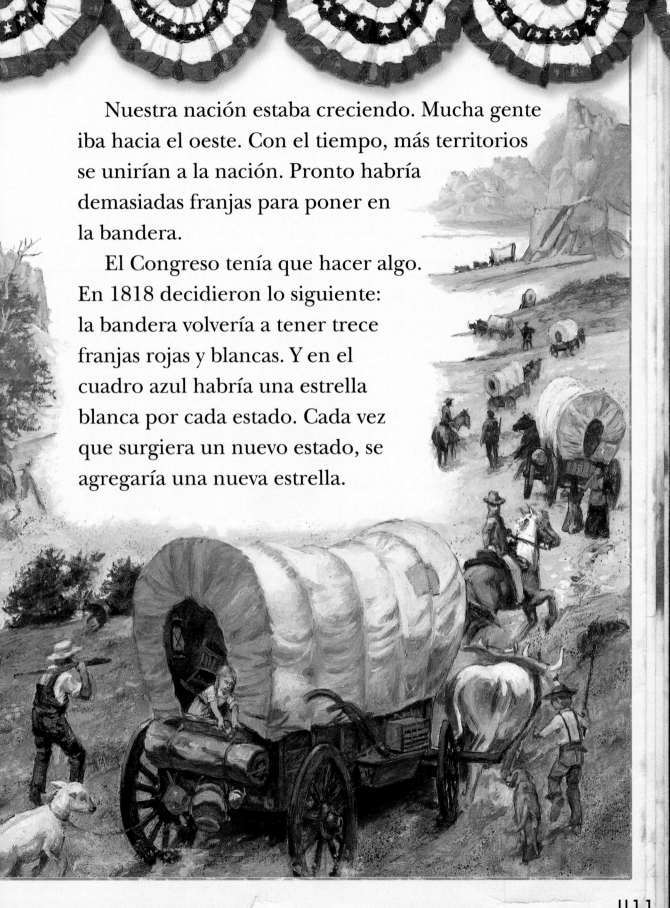

Nuestra nación estaba creciendo. Mucha gente iba hacia el oeste. Con el tiempo, más territorios se unirían a la nación. Pronto habría demasiadas franjas para poner en la bandera.

El Congreso tenía que hacer algo. En 1818 decidieron lo siguiente: la bandera volvería a tener trece franjas rojas y blancas. Y en el cuadro azul habría una estrella blanca por cada estado. Cada vez que surgiera un nuevo estado, se agregaría una nueva estrella.

Por fin, la Bandera de las franjas y las estrellas ondeaba igual en todas partes. Y los estadounidenses estaban orgullosos de su bandera, llevándola consigo en su camino hacia el oeste. La bandera cruzó el río Mississippi, las Grandes Llanuras y las montañas Rocosas. Hizo todo el recorrido hasta California.

Cada vez se unieron más estados a la nación. Y cada vez, se agregaron más estrellas a la bandera. En 1837, la bandera tenía veintiséis estrellas. En 1850, tenía treinta y una.

Territorio de Oregón

Territorio no organizado

Territorio de Utah

CA

Territorio de Nuevo México

Bandera estadounidense en 1850

Los Estados Unidos en 1850

Este mapa muestra todos los estados que había el año 1850.

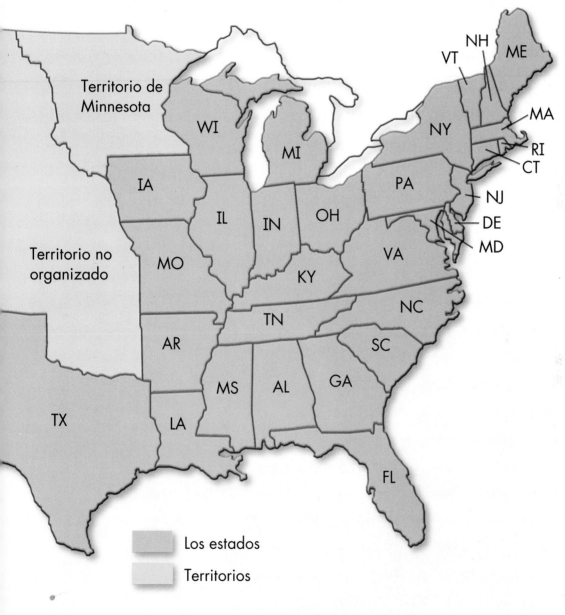

Territorio de Minnesota

Territorio no organizado

WI

MI

IA

IL

IN

OH

PA

NY

VT

NH

ME

MA

RI

CT

NJ

DE

MD

VA

MO

KY

TN

NC

AR

SC

MS

AL

GA

TX

LA

FL

Los estados

Territorios

Un país. Una bandera. Pero entonces en 1861 algo sucedió. Nuestro país se dividió en dos. Once estados del sur se separaron de los Estados Unidos de América y comenzaron su propio país. Se llamaron los Estados Confederados de América.

Abraham Lincoln era el Presidente de los Estados Unidos. Y dijo que *todos* los estados debían permanecer unidos.

Presidente
Abraham Lincoln

Y estalló la Guerra Civil. Fue una época muy triste en la historia de nuestro país.

Los once estados del sur dejaron de izar la Bandera de las franjas y las estrellas. Tenían su propia bandera.

En el norte, algunos querían que se quitaran once estrellas de la Bandera de las franjas y las estrellas, pero Abraham Lincoln decidió que no lo haría. Dijo que los estados se volverían a unir. Y tenía razón. La Guerra Civil terminó en 1865. Ganó el Norte. Los Estados Unidos volvió a ser un país bajo una sola bandera.

El 14 de junio de 1877, la bandera celebraba un aniversario importante: cien años. Por todo el país hubo picnics, fiestas y desfiles. El 14 de junio se volvió un día festivo: el Día de la Bandera.

Hoy día la bandera tiene 50 estrellas. Una por cada estado. Algunas banderas son enormes. ¡Hay una que pesa 500 libras! Ondea cada Cuatro de Julio en el puente George Washington.

La Bandera de los Estados Unidos ondea en pueblos y ciudades de costa a costa.

Y eso no es todo. En 1969 dos astronautas estadounidenses fueron los primeros en llegar a la Luna. Los astronautas trajeron de vuelta a la Tierra muchas rocas lunares. Pero también dejaron algo en la Luna... la Bandera de las franjas y las estrellas.

¿Y sabes una cosa? ¡Nuestra bandera sigue ondeando allá arriba!

¡Imagínalo! | **Volver a contar**

Piensa críticamente

Leamos juntos

1. Después de leer el texto, ¿dónde en tu comunidad se puede ver una bandera volando? **El texto y el mundo**

2. ¿Por qué crees que el autor escribió sobre la bandera de los Estados Unidos? **Pensar como un autor**

3. ¿Por qué el autor muestra banderas de la revolución en la página 405? **Propósito del autor**

4. Haz un resumen sobre lo que aprendiste del diseño de la bandera. **Resumir**

5. Mira de nuevo y escribe Mira de nuevo la página 408. ¿Por qué escribió Francis Scott Key "La bandera adornada de estrellas?" Da evidencia que apoye tu respuesta.

PRÁCTICA PARA EL EXAMEN | **Respuesta desarrollada**

John Herman

John Herman creció cerca de la ciudad de Nueva York. Supo que quería ser escritor cuando tenía 12 años. Ahora escribe libros para adultos, adolescents y niños.

A John Herman le gusta inventar historias. *Roja, blanca y azul* le dió la oportunidad de escribir sobre sucesos reales. Le gusta mucho leer sobre la historia de los Estados Unidos, y esta experiencia como escritor ha sido nueva para él. Eso sí, ¡espera seguir escribiendo más libros como éste en el futuro!

Lee otros libros sobre días feriados.

Martin Luther King, Jr.

Acción de Gracias

Registro de lecturas

Usa el Registro de lecturas del *Cuaderno de lectores y escritores,* para anotar tus lecturas independientes.

Escritura descriptiva

Leamos juntos

¡Escribamos!

Aspectos principales de un poema o canción descriptiva

● tiene palabras escogidas con mucho cuidado, que van ordenadas en versos

● describe algo y puede rimar

● Una canción es como un poema que se canta.

CALLE DE LA LECTURA EN LÍNEA
GramatiRitmos
www.CalledelaLectura.com

Poema o canción descriptiva

Un poema o canción descriptiva describe algo. Puede decir también cómo alguien se siente. Muchos poemas y canciones tienen palabras que riman. El modelo del estudiante, en la página siguiente, es un ejemplo de poema descriptivo.

Instrucciones Piensa en símbolos y tradiciones estadounidenses. Escribe un poema sobre alguno de esos símbolos o tradiciones.

Lista del escritor

Recuerda que debes...

☑ incluir palabras que describan.

☑ expresar tu interés en el tema.

☑ usar correctamente las comillas y los otros signos de puntuación.

420

La estatua de la Libertad

A quien llega a nuestra tierra,

siempre da la bienvenida.

Lleva su antorcha tan alta,

de día y noche encendida.

Querido símbolo de nuestro país,

que desde el cielo parece decir:

"Ven a ser libre y feliz".

Género:
El **poema descriptivo** tiene palabras que describen y palabras que riman.

Característica de la escritura: Voz:
El escritor expresa sentimientos.

El escritor usa **comillas** para mostrar las palabras que se dicen.

Normas

Uso de las comillas

Recuerda Las comillas (" ") muestran el comienzo y el final de lo que alguien dice. Las palabras como **dijo** y el nombre de la persona que habla, no van dentro de las comillas. El punto se coloca después de las comillas finales.

Martin Luther King Jr. dijo: "Una mentira no puede vivir".

Objetivos
- Describir cómo se crean imágenes en la poesía.

Estudios Sociales en Lectura

Género
Poesía (Canción)

- Una canción es un poema que se puede cantar. La poesía muestra líneas de palabras que tienen ritmo.

- La poesía tiene a menudo rimas.

- Puede ser que la poesía puede diga lo que siente el poeta.

- Lee "Nuestra gran bandera". Mientras lees, piensa sobre lo que el compositor opina de la bandera americana.

Nuestra gran bandera

por George M. Cohan

Nuestra gran bandera,
la que vuela más alto.
¡Que se eleve en paz para siempre!
Emblema de la tierra querida,
tierra de los libres y valientes.

Los corazones palpitan leales,
ante el rojo, el blanco y el azul,
donde sólo se dicen verdades.
Si algún día empiezas a olvidar,
en nuestra gran bandera
no dejes de pensar.

422

Pensemos...

Relacionar lecturas "Nuestra gran bandera" es una canción sobre la bandera de los Estados Unidos. En *Roja, blanca y azul*, ¿se habla de otra canción sobre la bandera?

Escribir variedad de textos Haz una lista de otras canciones que conozcas.

Leamos juntos

¡Aprendamos!

CALLE DE LA LECTURA EN LÍNEA
LIBRO DEL ESTUDIANTE EN LÍNEA
www.CalledelaLectura.com

Vocabulario

Palabras con múltiples significados

Claves del contexto Una palabra con múltiples significados es una palabra que tiene más de un significado. Puedes usar claves del contexto para determinar cuál es el significado relevante.

¡Practícalo! Lee cada oración. Elige el significado de la palabra en negritas.

1. A mí me toca poner los **cubiertos** en la mesa para la cena.
   utensilios que se usan para comer
   forma del verbo cubrir

2. La película **dura** dos horas.
   algo que no es suave
   forma del verbo durar

Fluidez

Leer con precisión Cuando lees, asegúrate de leer todas las palabras. No omitas palabras. Di la palabra que ves, no otra palabra. Si cometes un error, regresa y vuelve a leer la palabra.

¡Practícalo! Elige una página del cuento *Roja, blanca y azul*. Lee la página en voz alta a un compañero. Asegúrense que los dos entienden el texto.

Escuchar y hablar

Evaluar los anuncios

Las compañías usan anuncios para vender artículos. Puedes ver los anuncios en la Internet y en la televisión. También se encuentran en revistas y periódicos. Mira algunos anuncios. ¿Qué te dicen los anuncios acerca de un producto? ¿Dicen lo que hace el producto? ¿Dicen lo que todos quieren del producto? Determina si el anuncio presenta mayormente hechos o opiniones.

¡Practícalo! Trabaja en grupos. Busca un anuncio en la Internet o en una revista. Escribe que producto presenta el anuncio. Escribe los hechos y opiniones que encuentres. Luego comparte la información y tus ideas con la clase. Recuerda hablar claramente y usar palabras específicas. Recuerda poner atención cuando otras personas hablan.

Sugerencias

- Muestra a la clase una copia de tu anuncio y señala las ilustraciones y palabras.
- Habla a un ritmo apropiado.
- Usa las convenciones apropiadas del lenguaje.

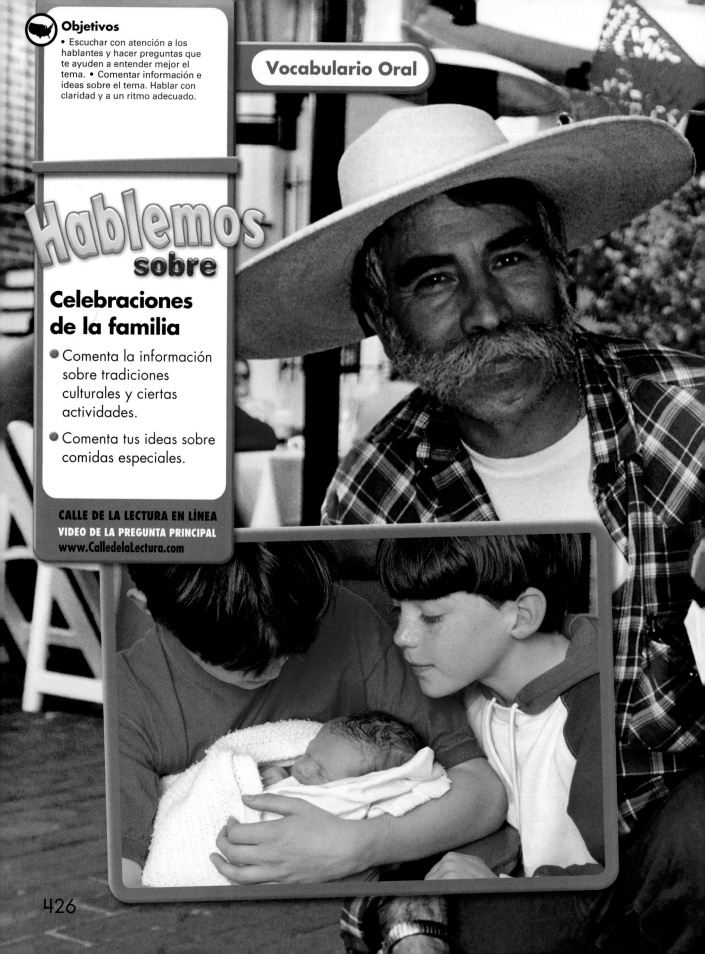

Objetivos
• Escuchar con atención a los hablantes y hacer preguntas que te ayuden a entender mejor el tema. • Comentar información e ideas sobre el tema. Hablar con claridad y a un ritmo adecuado.

Hablemos sobre

Celebraciones de la familia

- Comenta la información sobre tradiciones culturales y ciertas actividades.

- Comenta tus ideas sobre comidas especiales.

CALLE DE LA LECTURA EN LÍNEA
VIDEO DE LA PREGUNTA PRINCIPAL
www.CalledelaLectura.com

426

¡Has aprendido **217** palabras asombrosas este año!

427

Objetivos

- Identificar la sílaba acentuada.
- Decodificar palabras que tengan tilde. • Familiarizarse con palabras que tienen acento en la penúltima sílaba.

¡Imagínalo! | Sonidos para aprender

lápiz

graves

CALLE DE LA LECTURA EN LÍNEA
TARJETAS DE SONIDOS Y GRAFÍAS
www.CalledelaLectura.com

Fonética

Acentuación: Palabras graves

Sonidos y sílabas que puedo combinar

a z ú c a r

f á c i l

P é r e z

p o r t á t i l

l á p i z

Oraciones que puedo leer

1. Este problema de matemáticas es muy fácil.

2. Para el experimento necesito azúcar y un lápiz.

3. El señor Pérez tiene un radio portátil.

¡Ya puedo leer!

Martha tenía que terminar su proyecto de ciencias. Al principio pensó que sería fácil, pero terminó pidiendo ayuda. Hizo una lámpara portátil, es decir, que puede llevarse a cualquier lugar. Su hermano mayor le ayudó a conectar los cables en la batería. El invento era frágil porque el foco se podía quebrar. También era un poco difícil encenderla. Quizá el invento no era muy útil pero Martha aprendió cómo funciona la energía. ¡Ahora está pensando en hacer un lápiz con luz integrada!

Has aprendido

 Acentuación: Palabras graves

Objetivos
• Hacer preguntas, aclarar lo que no entiendas, localizar hechos y detalles de los cuentos que lees, y apoyar tus respuestas con evidencia. • Hacer preguntas sobre lo que lees que puedan responderse basados en el texto. • Hacer inferencias sobre lo que lees, usando detalles del texto para apoyar tus ideas.

¡Imagínalo!

Destreza

Estrategia

CALLE DE LA LECTURA EN LÍNEA
ANIMACIÓN DE ¡IMAGÍNALO!
www.CalledelaLectura.com

Destreza de comprensión

🎯 Sacar conclusiones/ Inferir

• Al leer, puedes sacar conclusiones o deducir más sobre los personajes y qué sucede en un cuento.

• Usa lo que has leído y lo que sabes por experiencia.

• Halla palabras en el texto para apoyar tus ideas.

• Usa lo que has aprendido sobre sacar conclusiones y un diagrama como este, mientras lees "Cáscaras de huevo vacías".

Estrategia de comprensión

🎯 Preguntar

El buen lector se hace preguntas a sí mismo antes, durante y después de la lectura. Mientras lees "Cáscaras de huevo vacías", escribe tus preguntas acerca del texto en una hoja de papel. Busca evidencia del texto para responder tus preguntas. Comenta tus preguntas con un compañero.

Cáscaras de huevo vacías

Cuando Danny llegó vio un envase de huevos. Pero sólo eran cáscaras de huevos con un hoyo en la parte de arriba: ningún huevo adentro.

—Qué hacemos con éstas? —Preguntó Danny.

—Primero, pintaremos las cáscaras. Después, llenaremos cada huevo con pedacitos diminutos de papel —le dijo Jorge. —Luego, mi madre pegará papel sobre cada hoyo.

Antes de la fiesta, el padre de Jorge escondió los huevos en el departamento. Todos los niños fueron a buscar los huevos, y todos fueron hallados. Luego: ¡sorpresa! Jorge cascó un huevo ¡sobre la cabeza de Danny! El papel de colores llovió y Danny no paraba de reir. Pronto todos en la fiesta estaban cascando cascarones sobre las cabezas de otros.

Destreza Aquí puedes sacar una conclusión sobre Jorge y Danny. ¿Crees que son amigos? ¿Cómo lo sabes?

Estrategia ¿Qué hace primero, la familia con las cáscaras de huevo vacías? ¿Qué hace después?

¡Es tu turno!

⏸ ¿Necesitas repasar? Mira el *¡Imgínalo!: Cuaderno de práctica* para obtener ayuda sobre sacar conclusiones/inferir y preguntar.

▶ ¡Inténtalo! Mientras lees *Una canasta de cumpleaños para Tía*, usa lo que has aprendido sobre sacar conclusiones/inferir y preguntar.

431

¡Imagínalo! | **Palabras para aprender**

alcancía

canasta

regalo

chistosas
favorito
sorpresa

Estrategia de vocabulario para

🔄 Palabras de otros idiomas

Claves del contexto Cuando lees, puede que encuentres una palabra de otro idioma. Estas palabras están a veces en cursivas. Si no conoces la palabra, a veces puedes aprender el significado del contexto.

1. Mira la palabra.

2. Usa el contexto para determinar el significado relevante.

3. Usa el significado de la palabra en la oración. ¿Tiene sentido?

Lee "Una fiesta y un regalo". Busca palabras en inglés. Usa el contexto para entender el significado relevante de cada palabra.

Palabras para escribir Vuelve a leer "Una fiesta y un regalo". Escribe oraciones sobre un regalo especial que le puedes dar a alguien. Usa palabras de la lista de *Palabras para aprender*.

Una fiesta y un regalo

¿Conoces a alguien que va a cumplir años pronto? Va a tener una fiesta o *party* de cumpleaños? ¿Qué le vas a regalar a esa persona? No es muy difícil pensar en un regalo o *present*. Pregúntate ¿qué le gusta a esa persona? ¿Cuál es su juego favorito? ¿Tiene él o ella un pasatiempo favorito? ¿Un color favorito? ¿Una comida favorita? Mira si estas respuestas te dan una idea.

No tienes que romper tu alcancía para comprar un regalo. Puedes comprar flores en el supermercado. Busca una canasta o un tazón en casa. Arregla las flores allí. Esto haría un buen regalo para tu tía o *aunt*.

Quizás esta persona especial coleccione cosas como tarjetas de béisbol, tarjetas chistosas, fotos o anillos. Decora una caja que tenga una tapa. Busca o dibuja figuras que se parezcan a lo que la persona colecciona.

¿Está listo tu regalo? ¿Será una buena sorpresa? Pronto será la hora de la fiesta. Todos se divertirán. Habrá juegos o *games*. Quizás hasta haya una piñata.

¡Es tu turno!

¿Necesitas repasar? Para obtener ayuda adicional sobre el uso de claves del contexto para determinar el significado de palabras de otros idiomas, mira la sección *¡Palabras!*, en la página P.7.

¡Inténtalo! Lee *Una canasta de cumpleaños para Tía* en las páginas 432 a 445.

433

Una canasta de cumpleaños para Tía

por Pat Mora

ilustrado por Cecily Lang

 Género

La **ficción realista** cuenta sobre sucesos inventados que podrían ocurrir en la vida real. Busca cosas que podrían ocurrir en el cumpleaños de Tía.

Pregunta de la semana

¿Por qué son especiales las celebraciones familiares?

Hoy es día de secretos. Abrazo a mi gatita y le digo:
—Ssshh, Chica. ¿Puedes guardar nuestro secreto, gatita chistosa?

Hoy es un día especial. Mi tía abuela cumple noventa años. Diez, veinte, treinta, cuarenta, cincuenta, sesenta, setenta, ochenta, noventa años. ¡Mi tía tiene noventa años!

Durante el desayuno, Mamá me pregunta: —¿Qué día es hoy, Cecilia? Le digo: —Un día especial. Día de cumpleaños.

Mamá está cocinando para la fiesta sorpresa. Huelo frijoles burbujeando en la estufa. Mamá está cortando fruta: piña, sandía, mangos. Me siento en el patio de atrás y me pongo a mirar a Chica cazando mariposas. Oigo a las abejas Bzzzz.

Hago dibujos en la arena con un palo. Hago un dibujo de mi tía. Le digo a mi gatita: —Chica, ¿qué le podemos regalar a Tía?

Chica y yo damos vueltas por el patio de delante y por el patio de atrás buscando un regalo bonito. Caminamos por la casa. Buscamos en el cuarto de Mamá. Miramos en el gabinete y en los cajones.

Le digo a la gatita: —Chica, ¿le damos a Tía mis pequeñas macetas, mi alcancía, mis pececitos de lata, mi títere bailarín?

Le digo a mi mamá: —¿Podemos usar esta canasta, Chica y yo? —¿Para qué, Cecilia? —me pregunta Mamá. —Es una sorpresa para la fiesta sorpresa —le contesto. Chica salta adentro de la canasta. —No —le digo—. No es para ti, gatita chistosa. Es la canasta de cumpleaños para Tía.

Pongo un libro en la canasta. Cuando Tía viene a casa, siempre me lee un libro. Éste es nuestro libro favorito. Me siento cerca de ella en el sofá. Huelo su perfume. A veces Chica quiere leer con nosotras. Se sienta en el libro. Le digo: —Gatita chistosa. Los libros no son para sentarse encima.

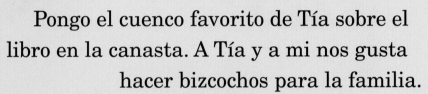

Pongo el cuenco favorito de Tía sobre el libro en la canasta. A Tía y a mi nos gusta hacer bizcochos para la familia.

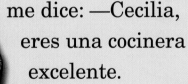

Tía me dice: —Cecilia, ayúdame a preparar la masa de las galletitas. Después me dice: —Cecilia, ayúdame a extender la masa de las galletitas. Cuando sacamos las galletitas calientes del horno, Tía me dice: —Cecilia, eres una cocinera excelente.

Pongo la macetita en el cuenco sobre el
libro en la canasta. A Tía y a mí nos gusta
sembrar flores en la ventana de la cocina.
A Chica le gusta poner su cara en las
flores. —Gatita chistosa —le digo.

Pongo una taza en la macetita que está
en el cuenco sobre el libro en la canasta.
Cuando estoy enferma, mi tía me hace
té de hierbabuena. Me lo trae a la cama.
También me trae una galletita.

Pongo una pelotita roja en la taza que está en el cuenco sobre el libro en la canasta. En días calurosos, salimos afuera y Tía me tira la pelota.

Me dice: —Cecilia, cuando yo era niña en México, mis hermanas y yo jugábamos a la pelota. Usábamos vestidos largos y teníamos trenzas largas.

Chica y yo salimos afuera. Recojo flores para decorar la canasta de Tía. En los días de verano, cuando me columpio alto, alto hasta el cielo, Tía corta flores para mi cuarto.

Mamá llama: —Cecilia, ¿dónde estás?

Chica y yo corremos y escondemos nuestra sorpresa.

Le digo: —Mamá, ¿puedes encontrar la canasta de cumpleaños para Tía?

Mamá busca debajo de la mesa. Busca en el refrigerador. Busca debajo de mi cama. Mamá pregunta: —Chica, ¿dónde está la canasta de cumpleaños?

Chica se frota contra la puerta de mi gabinete. Mamá y yo nos reímos. Le enseño mi sorpresa.

Después de mi siesta, Mamá y yo llenamos la piñata con dulces. Llenamos la sala de globos. Tarareo una cancioncita como la que Tía tararea cuando pone la mesa o tiende mi cama. Le ayudo a Mamá a poner la mesa con flores y pastelitos.

—Ya llegan lo músicos —dice Mamá. Abro la puerta. Nuestra familia y amigos empiezan a llegar también.

Tomo a Chica entre mis brazos. Luego Mamá dice: —Sshh, ahí viene Tía.

Corro a abrir la puerta. —¡Tía!, ¡Tía! —grito. Me da un abrazo y dice: —Cecilia, ¿qué pasa?, ¿qué es esto?

—¡SORPRESA! —gritamos todos—. ¡Feliz cumpleaños! Los músicos empiezan a tocar las guitarras y los violines.

—¡Tía, Tía! —le digo—. ¡Es un día especial, día de cumpleaños! ¡Hoy cumples noventa años y ésta es tu fiesta sorpresa! Tía y yo nos reímos.

Le doy la canasta de cumpleaños. Todos se acercan para ver lo que hay adentro. Lentamente, Tía huele las flores. Me mira y sonríe. Luego saca la pelotita de la taza y la taza de la macetita.

Hace como si estuviera bebiendo un traguito de té y todos nos reímos.

Con cuidado, Tía saca la macetita del cuenco y aparta el cuenco del libro. No dice ni una palabra. Se detiene un momento y me mira. Luego saca de la canasta nuestro libro favorito.

Y ¿quién crees que salta adentro de la canasta?

Chica. Y todos nos reímos.

Luego la música empieza y Tía me da una sorpresa
a mí. Toma mis manos entre las suyas y, sin bastón,
empieza a bailar conmigo.

Objetivos

• Decir en qué se diferencian y en qué se parecen los argumentos y ambientes de varias obras del mismo escritor. • Describir los personajes principales en los cuentos, y el por qué se sienten y actúan de la manera como lo hacen. • Escribir comentarios breves acerca de cuentos, poemas o textos informativos.

CALLE DE LA LECTURA EN LÍNEA
ORDENACUENTOS
www.CalledelaLectura.com

Piensa críticamente

1. Cecilia pone seis cosas en la canasta de cumpleaños. ¿Pondrías las mismas seis cosas en una canasta de regalo? Explícalo. **El texto y tú**

2. ¿Por qué crees que el autor escribió un cuento sobre una canasta de cumpleaños? **Pensar como un autor**

3. Pat Mora escribió este cuento y *La noche que se cayó la luna.* ¿En qué se parecen el argumento y el ambiente de estos dos cuentos y en que se diferencian? ¿Cuál de estos dos cuentos crees que disfrutó más escribir? ¿Por qué? **Sacar conclusions/Inferir**

4. ¿Te confundió alguna cosa en el cuento? ¿Qué preguntas te hacías al leer? **Preguntar**

5. Mira de nuevo y escribe Mira de nuevo la página 440. ¿Por qué puso Cecilia una macetita y una taza para té en la canasta para Tía? Da evidencia que apoye tu respuesta.

PRÁCTICA PARA EL EXAMEN | **Respuesta desarrollada**

Pat Mora

Aunque Pat Mora creció en Texas, en su casa se hablaba inglés y español. Cuando comenzó a escribir libros, Pat se dio cuenta de que quería escribir sobre su experiencia como mexico-americana. "Era como abrir un cofre lleno de tesoros", dice. "Podía escribir sobre cualquier cosa relacionada con mi herencia mexicana".

Pat Mora les dice a sus estudiantes que escriban acerca de lo que aman. Para ella, "la clave es cómo llevar a la página todo lo que somos, todo".

Lee otros libros sobre las tradiciones.

Celebraciones

 Usa el Registro de lecturas del *Cuaderno de lectores y escritores,* para anotar tus lecturas independientes.

Leamos juntos

¡Escribamos!

Aspectos principales de una carta de invitación

- le pide a alguien que asista a un evento planeado

- da detalles sobre cuándo y dónde será el evento

- tiene un saludo y una despedida

CALLE DE LA LECTURA EN LÍNEA
GramatiRitmos
www.CalledelaLectura.com

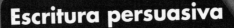 **Escritura persuasiva**

Carta de invitación

Una carta de invitación le pide a alguien que asista a un evento. El modelo del estudiante, en la página siguiente, es un ejemplo de carta de invitación.

Instrucciones Piensa en las fiestas familiares y en cómo planear una fiesta familiar. Escribe una carta de invitación para invitar a un pariente a una fiesta.

Lista del escritor

Recuerda que debes...

☑ escribir oraciones claras para invitar a la persona.

☑ comenzar el saludo y la despedida con mayúscula.

☑ usar las frases preposicionales correctamente.

Querido tío Eduardo:

Haremos una fiesta para festejar que Luz viene a casa. Será muy divertida.

El día será el domingo 24 de junio de 2011. La fiesta comenzará **a** la 1:00 de la tarde. Será **en** la casa de abuela **en** La Porte. Nosotros estaremos allí **desde** la mañana **hasta** la noche. Por favor, ven con los primos.

Tu sobrina,

Briana

Género:
Una **carta de invitación** tiene un saludo y una despedida.

Característica de la escritura: Oraciones:
El escritor usa las palabras en un orden que tiene sentido.

El escritor usa las **preposiciones** correctamente.

Normas

Preposiciones y frases preposicionales

Recuerda Una **preposición** es una palabra o la primera palabra de una frase preposicional. Las preposiciones pueden indicar dónde está algo o cuándo sucede. Las palabras **a, en, desde, hasta,** son preposiciones.

451

Destrezas del siglo XXI
EXPERTO EN INTERNET

Un buen directorio es como un buen amigo. Te ayudará a hallar lo que necesitas. Busca la categoría que necesitas. Luego, sigue los links, o enlaces y lee. Guarda un buen directorio en Favorite para conservarlo.

- Los directorios en línea proporcionan enlaces a sitios Web sobre un tema que seleccionas.

- Un link o enlace es una característica especial de los textos en línea. Están subrayados o aparecen en un color diferente.

- Hacer clic en un enlace te lleva a otro sitio de la Internet.

- Lee "Tradiciones familiares: Los cumpleaños". Usa las ilustraciones que acompañan al texto para aprender cómo funcionan los directorios en línea.

Tradiciones familiares: Los cumpleaños

¿Cómo puedes investigar más acerca de los cumpleaños? Puedes ir a un directorio en línea. Éstos son algunos de los temas que puedes encontrar allí.

452

Hogar y familia

- <u>Salud</u>
- <u>Niños</u>
- <u>Viajes</u>
- **<u>Celebraciones</u>**

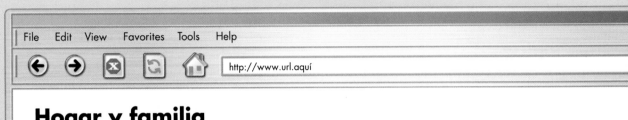

El tema general más cercano es <u>Celebraciones</u>. Selecciónalo y haz clic sobre él. Obtendrás una lista de enlaces como ésta. Haz clic en <u>Cumpleaños</u>.

- <u>Estatales</u>
- <u>Nacionales</u>
- <u>Feriados</u>
- **<u>Cumpleaños</u>**

Cuando haces clic en Cumpleaños, obtienes una lista de sitios Web. Decides hacer clic en uno que se llama Tradiciones de cumpleaños en todo el mundo. Esto es lo que ves:

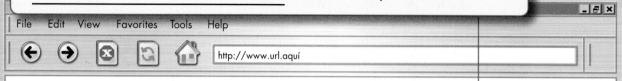

Tradiciones de cumpleaños en todo el mundo

Descubre cómo empezó la tradición de los cumpleaños. Averigua cómo se celebran los cumpleaños en otros países.

La fiesta de cumpleaños siempre es el día más importante del año para un niño, pero ¿te gustaría saber cómo comenzó la tradición de las fiestas de cumpleaños?

- Cómo comenzaron las fiestas de cumpleaños

- **Los cumpleaños en diferentes países**

- Describe las tradiciones de cumpleaños en tu familia

- Lugares para celebrar cumpleaños

- Encuentra un regalo de cumpleaños

- Descubre qué personas famosas comparten tu fecha de cumpleaños

- Literatura infantil y tienda de videos

- Productos y enlaces relacionados con los cumpleaños

- Ir a la página de inicio de enlace con fiestas infantiles

Haces clic en el enlace Los cumpleaños en diferentes países. Lee acerca de algunas de estas tradiciones en la página siguiente.

454

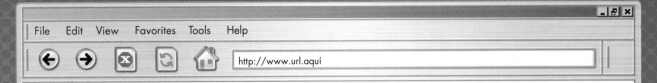
Los cumpleaños en diferentes países

Canadá: En algunas partes del Canadá, los cumpleañeros se ponen grasa en la nariz para la buena suerte. La grasa en la nariz hace que los niños estén tan resbalosos que la mala suerte no los atrapa.

China: Hay invitados para almorzar. Se sirven fideos para desearle al cumpleañero una larga vida.

Cuba: Las fiestas se parecen a las que se celebran en los Estados Unidos. Se incluye comida, adornos, regalos, piñatas, torta, velas, la canción "Cumpleaños feliz" y juegos.

India: En la escuela, el cumpleañero se viste con un traje de colores y reparte chocolates a toda la clase.

Vietnam: Todos celebran su cumpleaños el día de Año Nuevo, que se llama *Tet*. Los vietnamitas no celebran su cumpleaños el día exacto en que nacieron. Un bebé cumple un año en Tet, sin importar la fecha en que nació ese año.

para más práctica

Busca en línea
www.CalledelaLectura.com
Usa directorios en línea para investigar acerca de un tema.

Destrezas del siglo XXI: Actividad en línea
Ingresa y sigue paso a paso las instrucciones para usar directorios en línea para investigarobre días feriados en México.

Objetivos

• Leer en voz alta textos adecuados al grado en que tú estás. • Usar claves del contexto para entender el significado de palabras que no sabes o palabras que tienen más de un significado. • Comprender y utilizar preposiciones y frases preposicionales al leer, escribir y hablar. • Escuchar con atención a los hablantes y hacer preguntas que te ayuden a entender mejor el tema.

CALLE DE LA LECTURA EN LÍNEA
LIBRO DEL ESTUDIANTE EN LÍNEA
www.CalledelaLectura.com

Vocabulario

Palabras de otros idiomas

Claves del contexto Algunas veces los cuentos y artículos tienen **palabras que provienen de otros idiomas**. Si no sabes el significado de una palabra, puedes usar el contexto alrededor de la misma.

¡Practícalo! Las siguientes oraciones. Usa el contexto para determinar el significado relevante de cada palabra en negritas. Escribe oraciones con cada palabra.

1. **Happy birthday!** —gritamos todos cuando Sara apagó las velas.

2. **Presents!** ¿Todos esos regalos son para mí?

Fluidez

Leer con expresión apropiada Cuando lees, busca grupos de palabras que van juntas. Las comas y los puntos usualmente muestran cómo están agrupadas las palabras. Asegúrate que entiendes lo que lees.

¡Practícalo! Lee el texto en voz alta con un compañero.

Ayer, llevé mi perro a pasear al parque de perros. Cuando llegamos al estanque grande, dejé que mi perro jugara en el agua. Saltó al agua y nadó. Luego, se sacudió y nos fuimos.

Escuchar y hablar

Piensa en lo que le interesa a tu público al preparar un informe descriptivo.

Escuchar una descripción

Escucha con atención las descripciones. Cuando preparas una descripción para un informe oral, toma en cuenta tu público. Piensa acerca de lo que les interesa. Pregúntate, "¿Qué les gustaría escuchar?" Usa palabras sensoriales en la descripción. Indica cómo se ve, se siente, se escucha y huele algo. De esta manera, tu público puede visualizar lo que describes. Escucha con atención cuando otras personas presentan un informe. Trata de visualizar lo que describen.

¡Practícalo! Planea un informe para describir un objeto o un cuento. Mientras preparas tu descripción, piensa en palabras sensoriales que puedes incluir. Luego, presenta tu informe a la clase. Escucha los informes de otros estudiantes. Visualiza lo que ellos describen.

Sugerencias

- Usa palabras sensoriales para que tu público pueda visualizar lo que estás describiendo.
- Habla claramente y a un ritmo apropiado para que el público te escuche y entienda.

Objetivos

• Escuchar con atención a los hablantes y hacer preguntas que te ayuden a entender mejor el tema.
• Comentar información e ideas sobre el tema. Hablar con claridad y a un ritmo adecuado.

Vocabulario Oral

Hablemos sobre

Los vaqueros

● Comenta la información sobre el trabajo duro y las condiciones difíciles de trabajo.

● Comenta tus ideas sobre ropa protectora.

CALLE DE LA LECTURA EN LÍNEA
VIDEO DE LA PREGUNTA PRINCIPAL
www.CalledelaLectura.com

¡Has aprendido **2 2 5** palabras asombrosas este año!

Objetivos
- Identificar la sílaba acentuada.
- Decodificar palabras que tengan tilde.

¡**Imagínalo!** | Sonidos para aprender

termómetro

esdrújulas

CALLE DE LA LECTURA EN LÍNEA
TARJETAS DE SONIDOS Y GRAFÍAS
www.CalledelaLectura.com

Fonética

Acentuación: Palabras esdrújulas

Sonidos y sílabas que puedo combinar

música

sábado

plástico

química

física

Oraciones que puedo leer

1. Esta silla es de plástico.

2. Mi hermana estudia química y física en la secundaria.

3. El sábado comparamos música de otros países.

¡Ya puedo leer!

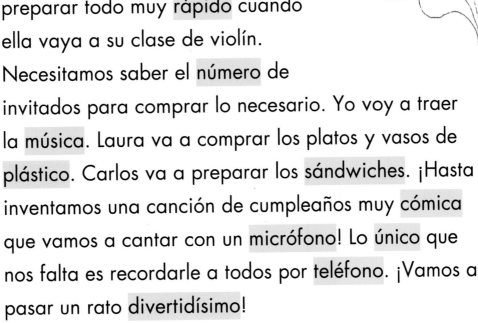

El sábado es la fiesta sorpresa para mi prima Liz. Tenemos que preparar todo muy rápido cuando ella vaya a su clase de violín. Necesitamos saber el número de invitados para comprar lo necesario. Yo voy a traer la música. Laura va a comprar los platos y vasos de plástico. Carlos va a preparar los sándwiches. ¡Hasta inventamos una canción de cumpleaños muy cómica que vamos a cantar con un micrófono! Lo único que nos falta es recordarle a todos por teléfono. ¡Vamos a pasar un rato divertidísimo!

Has aprendido

 Acentuación: Palabras esdrújulas

Objetivos

• Decir el orden en que pasan los sucesos o las ideas de un texto. • Volver a contar los sucesos importantes de un cuento, en el orden apropiado.

¡Imagínalo!

Destreza

¡Imagínalo! Manual visual de destrezas

Secuencia

¿Qué sucede primero, después y por último?

1•12

Estrategia

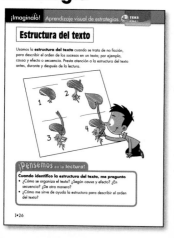

¡Imagínalo! Aprendizaje visual de estrategias

Estructura del texto

Usamos la **estructura del texto** cuando se trata de no ficción, para describir el orden de los sucesos en un texto; por ejemplo, causa y efecto y secuencia. Presta atención a la estructura del texto antes, durante y después de la lectura.

¡Pensemos en la lectura!

Cuando identifico la estructura del texto, me pregunto
• ¿Cómo se organiza el texto? ¿Según causa y efecto? ¿En secuencia? ¿De otra manera?
• ¿Cómo me sirve de ayuda la estructura para describir el orden del texto?

1•26

Destreza de comprensión

🎯 Secuencia

• La secuencia es el orden de los sucesos en una historia.

• Palabras clave tales como *primero, después, luego,* y *por último* describen el orden de los sucesos en un cuento.

• Usa lo que has aprendido sobre la secuencia y completa un organizador como el siguiente miéntras lees "EL cochero de la diligencia".

Qué sucede primero	Qué sucede después	Qué sucede por último

Estrategia de comprensión

🎯 Estructura del texto

La estructura del texto es la manera en que una selección está organizada. Muchos cuentos están organizados en orden cronológico. Están organizados para contar qué sucedió al principio, en el medio y al final. Puedes usar la estructura del texto para ayudarte a recordar lo que dice la selección y volverlo a contar.

EL COCHERO
DE LA DILIGENCIA

Al comenzar un viaje, un cochero ayudaba a los pasajeros y revisaba los caballos. Primero, el cochero ayudaba a los pasajeros a subir a la diligencia. Les ayudaba a cargar sus maletas y bolsos. Luego, revisaba los caballos. Se aseguraba de que estuvieran listos para el viaje. También revisaba las ruedas. Luego, se subía a la diligencia, y comenzaba el viaje.

Destreza
¿Qué hace el cochero de la diligencia, primero? ¿Cuál es la palabra clave?

El cochero de la diligencia tenía que tener cuidado. Los senderos y caminos eran de lodo y rocosos. La diligencia no debía atascarse ni volcarse.

Por último, la diligencia llegaba después de un largo viaje por el sendero. El conductor ayudaba a los pasajeros a bajar de la diligencia. Les ayudaba a descargar las maletas y bolsos. Tanto el cochero como los caballos estaban cansados por el viaje. Necesitaban descansar antes del siguiente viaje.

Estrategia
¿Qué pasos da el cochero cuando termina el viaje?

¡Es tu turno!

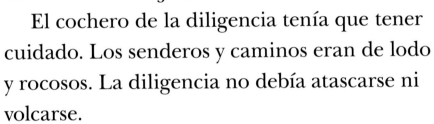

¿Necesitas repasar? Mira el *¡Imagínalo: Cuaderno de práctica* para obtener ayuda sobre secuencia y estructura del texto.

¡Inténtalo! Mientras lees *Los vaqueros*, usa lo que has aprendido sobre secuencia y estructura del texto.

Objetivos

• Usar claves del contexto para entender el significado de palabras que no sabes o palabras que tienen más de un significado.

ganado

vaquero

manada

corredizo
ferrocarril
galopaban
hoguera

Estrategia de vocabulario para

Palabras poco comunes

Claves del contexto Cuando encuentras una palabra que no conoces mientras lees, ¿qué puedes hacer? Puedes buscar claves del contexto cerca de la palabra. Esta estrategia te puede ayudar a entender el significado relevante de la palabra.

1. Lee las palabras y oraciones cerca de la palabra que no conoces. A veces al autor explica la palabra.

2. Usa las claves del contexto para desarrollar un significado para la palabra.

3. Usa ese significado en la oración. ¿Tiene sentido?

Lee "Como vaquero". Busca claves del contexto para ayudarte a entender el significado de las *Palabras para aprender*.

Palabras para escribir Vuelve a leer "Como vaquero". ¿Te gustaría ser vaquero o vaquera? ¿Por qué o por qué no? Escribe un párrafo. Usa palabras de la lista de *Palabras para aprender*.

COMO VAQUERO

¿Cómo era la vida de vaquero años atrás? Para enterarse, algunas personas se quedan en un rancho. Montan a caballo, persiguen y enlazan ganado. Usan soga con nudo corredizo para enlazar. Por la noche, narran cuentos y cantan alrededor de una hoguera. Hasta llevan una manada de ganado en camino del arreo.

Hace mucho tiempo, los vaqueros llevaban manadas de ganado en largos arreos. Viajaban por caminos que iban desde Texas hasta Kansas. De allí, el ferrocarril llevaba el ganado a ciudades en el este. El camino tenía mil millas de largo. El camino del arreo duraba meses.

Actualmente el camino del arreo en el rancho sólo dura uno o dos días. Aun así, el camino del arreo le da a la gente una idea de lo que era ser vaquero. Uno se puede imaginar lo contentos que estaban los vaqueros cuando galopaban a la ciudad después de un largo viaje en camino del arreo.

¡Es tu turno!

¿Necesitas repasar? Para obtener ayuda adicional sobre el uso de claves del contexto para encontrar significados relevantes a palabras desconocidas, mira la sección *¡Palabras!*, en la página P.7.

¡Inténtalo! Lee *Los vaqueros* en las páginas 466 a 487.

465

LOS VAQUEROS

**por Lucille Recht Penner
ilustrado por Ben Carter**

Pregunta de la semana

¿Qué podemos aprender de las tradiciones de los vaqueros?

Si hubieras vivido en el Oeste hace unos cien años, habrías podido escuchar a un vaquero gritar: "¡yipi yipi yaay!", cabalgando por las llanuras.

¿Cómo era ser un vaquero en ese tiempo?

Los vaqueros vivían en ranchos ganaderos. Un rancho tenía una casa para el ranchero y su familia, establos para los animales y una barraca donde dormían los vaqueros.

El ranchero tenía miles de cabezas de ganado, que recorrían millas y millas en busca de pasto y agua.

Dos veces al año, los vaqueros arreaban todo el ganado. Lo llamaban rodeo de ganado. Los vaqueros contaban los terneros que habían nacido desde el último rodeo. Seleccionaban los animales más grandes para venderlos en el mercado.

Se trabajaba mucho en un rodeo. El ganado era bravo y rápido. Los animales tenían peligrosos cuernos largos y afilados. Los vaqueros lo llamaban ganado *longhorn*. Si hacías enojar a un longhorn, el animal te atacaba. Ningún vaquero quería estar cerca de un longhorn enojado.

Entonces, hacía un lazo corredizo el extremo de la soga. Después lo hacía girar sobre su cabeza y lo arrojaba. Cuando atrapaba al longhorn, podía decir que pertenecía a su rancho.

¿Cómo podía saberlo? Era fácil. Cada ranchero ponía a sus vacas una señal especial llamada marca. Sin embargo, los terneros no tenían marcas. No las necesitaban. Un ternero siempre seguía a su madre.

Cada rancho tenía su propio nombre y su propia marca. La marca del Rancho Mecedora parecía una mecedora. La marca del Rancho V Voladora era así: ⱱ.

Después de terminar el rodeo, era momento de vender el ganado longhorn. Eso significaba llevarlo al mercado mayor de los pueblos. Por ese entonces, no había carreteras en las amplias llanuras, sólo caminos polvorientos que el ganado había hecho con sus pezuñas al pasar. ¡Algunos caminos tenían mil millas de largo! Como el ganado sólo podía caminar unas quince millas al día, a menudo el largo y difícil viaje duraba meses. Se llamaba camino del arreo. Había mucho que hacer para prepararse.

Al comenzar el día de camino, un vaquero cabalgaba frente a la manada. —Vamos, muchachos —le gritaba al ganado.

Algunos longhorn grandes partían tras él. Bramaban y movían la cabeza de un lado a otro. Más ganado los seguía, y pronto estaban todos en camino.

Al ganado no le gustaba caminar mucho. Después de un rato, querían dar la vuelta e irse a casa. Los vaqueros cabalgaban hacia adelante y hacia atrás al lado de la manada para mantenerla en fila. Algunos vaqueros cabalgaban al final de la manada para asegurarse de que ningún animal se quedara atrás.

Hacía calor en el camino. Los vaqueros usaban
sombreros de ala ancha para proteger sus ojos del sol.
Cuando llovía, el ala era un buen paraguas. Alrededor
del cuello, los vaqueros llevaban pañuelos rojos.
Cuando había mucho polvo, se cubrían la nariz con
sus pañuelos.

Atadas sobre los pantalones iban unas calzas de
cuero, llamadas chaparreras, para protegerse de las
púas y de las espinas de cactus.

Las botas altas de cuero los protegían de la tierra y
de las piedritas. Las botas de vaquero tenían mangos
llamados "orejas de mula". El vaquero agarraba las
orejas de mula para ponerse y sacarse las botas.

¿Qué más necesitaba un vaquero en el camino? Un buen caballo. Los vaqueros pasaban todo el día a caballo. Montaban caballos pequeños llamados ponis vaqueros. Un buen poni vaquero era valiente. Podía atravesar terrenos en mal estado en la noche más oscura. Podía nadar en un río ancho y profundo.

Podía atravesar los arbustos persiguiendo una vaca que huía. ¡El vaquero tenía que sujetarse bien!

Cada día la manada andaba por llanuras secas y calurosas. Dos o tres novillos grandes eran los líderes. Siempre caminaban al frente. Los vaqueros los conocían bien. Les daban nombres cariñosos, como "Viejo gruñón" y "Carita de estrella".

Las vacas podían meterse en problemas. A veces, una quedaba atrapada en el lodo. El vaquero la ataba con una cuerda y la sacaba. Una vaca podía lastimarse en el camino. El vaquero también se encargaba de eso.

De noche, los vaqueros se detenían para que el ganado comiera, bebiera y durmiera. También era el momento para que los vaqueros comieran. "Cookie" les tenía preparada una comida caliente. Así era como los vaqueros llamaban al cocinero.

Cookie conducía una carreta especial llamada carreta de provisiones. Tenía gavetas para guardar harina, sal, frijoles, y ollas y recipientes. Llevaba un barril de agua atado por debajo.

Cookie le daba a cada vaquero una ración grande de panecillos, bistec, salsa y frijoles.

Cocinaba lo mismo casi todas las noches, pero a los vaqueros no les importaba. ¡Era sabroso!

No había mesas ni sillas, así que los vaqueros se sentaban en el suelo. Después de cenar, jugaban a las cartas o leían a la luz de la hoguera. Las noches eran frías y brillantes con la luz de las estrellas.

Pero los vaqueros no se acostaban tarde. Estaban cansados. A la hora de dormir, se sacaban las botas y se arrastraban hasta sus colchonetas. Un vaquero nunca usaba pijama. ¿Y de almohada? Usaba su silla de montar.

Los caminos del arreo eran peligrosos. Muchas cosas podían salir mal. La manada podía correr en estampida si había un ruido muy fuerte, como el ruido inesperado de un trueno. Las estampidas daban miedo. El ganado corría como loco en todas direcciones, poniendo los ojos en blanco y bramando con temor.

La tierra bajo ellos temblaba. Los vaqueros más valientes galopaban al frente de la manada.

Tenían que hacer que los líderes dieran la vuelta. Les gritaban y disparaban algunos tiros al aire. Trataban de que el ganado corriera en círculos hasta que se calmara.

A veces se topaban con cuatreros. Los cuatreros son los ladrones de ganado. Los cuatreros se escondían detrás de las rocas y saltaban frente al ganado para causar una estampida. Mientras los vaqueros trataban de atrapar a los animales aterrorizados y calmarlos, los cuatreros ahuyentaban a todos los que podían.

Cuando la manada llegaba a un río grande, los vaqueros del frente galopaban hacia el agua. El ganado se zambullía detrás de ellos. Los animales nadaban casi totalmente bajo el agua. A veces, los vaqueros sólo podían ver sus narices negras y sus largos cuernos blancos.

La mayoría de los vaqueros no sabían nadar. Si un vaquero se caía al agua, agarraba la cola del caballo y se sujetaba hasta llegar a la orilla.

A menudo, los caminos del arreo pasaban por territorio indígena. Los indígenas cobraban diez centavos por cabeza para dejar pasar al ganado por su territorio. Si los vaqueros no pagaban, podía haber una pelea. Pero generalmente pagaban el dinero y la manada seguía avanzando.

Al fin, el ganado ruidoso y lleno de polvo pisaba el mercado de un pueblo. Los vaqueros lo conducían a corrales cerca de las líneas del ferrocarril. Entonces recibían su paga. ¡Era el momento de divertirse!

¿Qué crees que es lo primero que querían hacer los vaqueros? ¡Bañarse! El barbero tenía una bañera grande en la parte de atrás de la tienda. Por un dólar, podías remojarte y remojarte. Un niño arrojaba cubetas de agua caliente. ¡Aaaah! Después era la hora de afeitarse, cortarse el pelo y ponerse ropa nueva.

Esa noche, los vaqueros dormían en camas de verdad y comían en una mesa de verdad. Cantaban, bailaban y se divertían con sus amigos.

Pero pronto tendrían que regresar al territorio del ganado longhorn. Habría muchos más días calurosos sobre la silla de montar. Y habría muchas más noches frías bajo las estrellas.

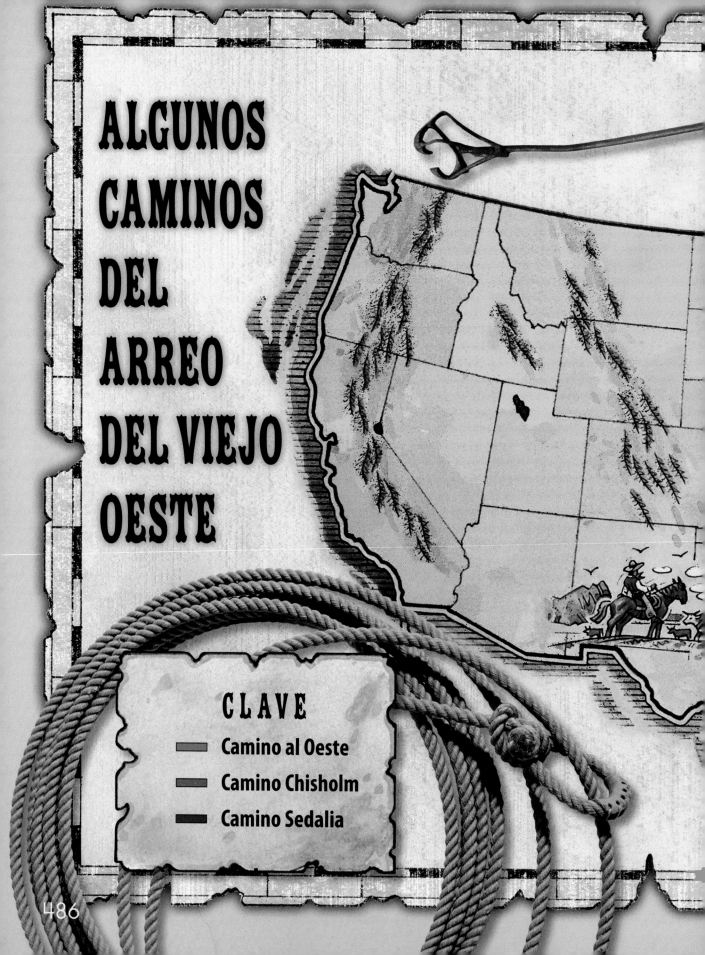

ALGUNOS CAMINOS DEL ARREO DEL VIEJO OESTE

CLAVE

— Camino al Oeste

— Camino Chisholm

— Camino Sedalia

Nebraska
● Ogallala

Kansas
Ellsworth ● Abilene

Dodge City

Missouri
● Sedalia

Arkansas

Oklahoma

● Dallas

Texas

Luisiana

Houston
San Antonio

Brownsville

N
W   E
S

¡Imagínalo! | Volver a contar

CALLE DE LA LECTURA EN LÍNEA
ORDENACUENTOS
www.CalledelaLectura.com

Piensa críticamente

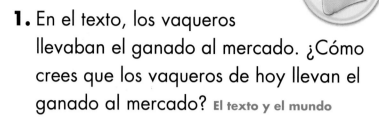

Leamos juntos

1. En el texto, los vaqueros llevaban el ganado al mercado. ¿Cómo crees que los vaqueros de hoy llevan el ganado al mercado? **El texto y el mundo**

2. ¿Qué quiere el autor que sepas sobre el trabajo que hacían los vaqueros? **Pensar como un autor**

3. ¿Qué tenían que hacer los vaqueros antes de salir al camino del arreo? **Secuencia**

4. ¿Qué eventos se describen en el cuento? ¿Están en orden de acuerdo con el tiempo? **Estructura del texto**

5. Mira de nuevo y escribe Mira de nuevo la página 474. ¿Cómo protegen los sombreros a los vaqueros? Da evidencia que apoye tu respuesta.

PRÁCTICA PARA EL EXAMEN | **Respuesta desarrollada**

LUCILLE RECHT PENNER

Lucille Recht Penner a menudo escribe sobre cómo era la vida antes. Le gusta escribir sobre vaqueros. Los que vivían en el Viejo Oeste eran valientes y aventureros. Estaban dispuestos a hacer cosas difíciles aun cuando no sabían lo que les iba a suceder.

Lee otros libros sobre el tema.

BEN CARTER

Ben Carter es artista desde que se graduó de la universidad. Es descendiente de indígenas norteamericanos y en sus libros refleja sus raíces.

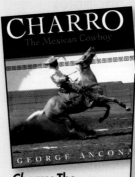

Charro: The Mexcian Cowboy

The Rowdy, Rowdy *Ranch*/Allá en el rancho grande

Usa el Registro de lecturas del *Cuaderno de lectores y escritores*, para anotar tus lecturas independientes.

Leamos juntos

¡Escribamos!

Aspectos principales de un texto de comparación y contraste

- cuenta en qué se parecen y en qué se diferencian dos cosas

- usa palabras clave para mostrar las semejanzas y las diferencias

CALLE DE LA LECTURA EN LÍNEA
GramatiRitmos
www.CalledelaLectura.com

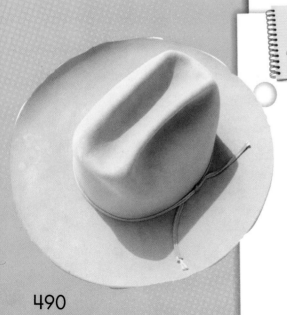

Escritura expositiva

Texto de comparación y contraste

Un texto de comparación y contraste dice en qué se parecen y en qué se diferencian dos cosas. Palabras claves tales como *tanto*, *ambos*, *pero* e *y*, se usan como ayuda para comparar y contrastar cosas. El modelo del estudiante, es un ejemplo de texto de comparación y contraste.

Instrucciones Piensa en una tarea que haces y en las tareas que hacían los vaqueros. Compara y contrasta las tareas.

Lista del escritor

Recuerda que debes...

☑ contar en qué se parecen y en qué se diferencian las tareas.

☑ usar palabras clave para comparar y contrastar.

☑ usar las comas correctamente.

490

El cuidado de los animales

Los vaqueros y yo cuidamos animales. Los vaqueros cuidaban el ganado y yo cuido mis peces. Tengo que darle de comer a mis peces y limpiar la pecera. En el camino del arreo, los vaqueros tenían que asegurarse de que el ganado tuviera **agua, comida y descanso.**

Mi tarea lleva unos pocos minutos, pero la tarea de los vaqueros llevaba meses. Mi tarea es fácil, pero la tarea de los vaqueros era difícil.

El escritor usa **comas** correctamente.

Característica de la escritura: Enfoque: El escritor desarrolla las semejanzas y las diferencias.

Género: Este texto de **comparación y contraste** cuenta en qué se parecen y en qué se diferencian dos tareas.

Normas

Comas

Recuerda Las **comas** se usan para separar tres o más cosas que están seguidas en una lista en la misma oración. La coma no se coloca antes de la y o la o.

Género

Texto Informativo

- El texto informativo cuenta a menudo hechos sobre personas, lugares y sucesos que reflejan la historia o las tradiciones de una comunidad.

- Puede que el texto informativo describa objetos y sus usos.

- Puede que el texto informativo use ilustraciones y encabezados.

- Lee "Ropa de vaquero". ¿Cuál es el tema, o la "idea principal" de este texto?

ROPA DEL VAQUERO

de *El manual del vaquero*
★ por Tod Cody ★

La ropa y el equipo del vaquero tenían que ser resistentes. No tenían espacio para llevar equipaje mientras arreaban, y la mayoría de los vaqueros usaban lo mismo durante meses. A menudo, la ropa cubierta de barro y con mal olor se quemaba al final del viaje.

¡LISTO PARA PONERTE EN MARCHA!

Lo que te pondrías para cabalgar por la llanura

SOMBRERO

Puedes usarlo para hacer señales a los demás vaqueros, para quitar el polvo del camino de tu ropa y para llevar alimento para tu caballo. Un verdadero vaquero usa su sombrero mientras duerme.

PANTALONES

Los vaqueros al principio se negaban a ponerse jeans, porque los usaban los mineros y los trabajadores de las granjas. Los pantalones hechos de tela de lana gruesa eran más cómodos para usarlos sobre el lomo del caballo.

BOTAS

Las botas puntiagudas y con tacón alto están diseñadas para montar, no para caminar. ¡Por eso los vaqueros de las películas caminan de esa manera tan especial!

PAÑUELO

Empápalo en agua, enróllalo y ponlo bajo tu sombrero para mantenerte fresco durante los ratos de calor. También puedes usarlo para filtrar agua barrosa y para vendarle los ojos a un caballo "asustado".

CHAPARRERAS

Estas cubiertas para las piernas hechas de cuero grueso protegerán tus piernas de los cuernos de las vacas, de las quemaduras de la soga, de rasguños y de arañazos. También dan un mejor agarre a la silla de montar.

Pensemos...

¿Por qué dice el autor lo que hicieron los vaqueros con su ropa mientras arreaban? **Texto informativo**

Pensemos...

Relacionar lecturas ¿Qué información dio cada selección acerca de los sombreros, pañuelos, chaparreras y botas?

Escribir variedad de textos Escribe un párrafo breve explicando qué artículo de ropa piensas que necesitaban más los vaqueros.

Objetivos

• Leer en voz alta textos adecuados al grado en que tú estás. • Usar claves del contexto para entender el significado de palabras que no sabes o palabras que tienen más de un significado. • Identificar varios estilos de escritura que se utilizan en los medios de comunicación digitales y la Internet.

Leamos juntos

¡Aprendamos!

CALLE DE LA LECTURA EN LÍNEA
LIBRO DEL ESTUDIANTE EN LÍNEA
www.CalledelaLectura.com

Vocabulario

Palabras desconocidas

Claves del contexto Mira las claves del contexto para averiguar el significado relevante.

¡Practícalo! Usa el contexto para determinar el significado relevante de cada palabra en **negritas**.

1. El niño **avergonzado** no quería decir hola. Se cubrió la cara con timidez mientras su papá le ayudaba.

2. Los niños revisaron la habitación en busca de la próxima clave. Pero no pudieron encontrarla por mucho que buscaron.

Fluidez

Leer con precisión y ritmo apropiado

Cuando lees, lee todas las palabras. No agregues u omitas palabras. Lee a un ritmo apropiado. Algunas veces es posible que quieras leer un poco más rápido, por ejemplo cuando pasa algo emocionate.

¡Practícalo! Lee el texto con un compañero.

Hoy corrí en las carreras de 300 metros en la escuela. Estaba detrás del corredor que iba a la delantera pero luego me adelanté con un esfuerzo. ¡Fui el primero en cruzar la meta! Ésta es mi medalla de primer lugar.

494

Lectura y medios de comunicación

Nota las palabras que los programas usan para guiarte durante el juego.

Identificar convenciones escritas

Algunos videojuegos tienen juegos de números. Algunos videojuegos tienen juegos de palabras. Algunos juegos llevan a los jugadores de un lugar a otro. Los juegos usan palabras para ayudar a los jugadores a saber que hacer. El juego empieza con un título, o el nombre del juego. Luego, aparece la palabra "iniciar" o "haz clic aquí para empezar". Otras palabras como "pausa" o "detente" te dejan detener el juego por un momento.

¡Practícalo! Mira un juego de computación de tu clase. Como en un videojuego, busca palabras que te dicen qué hacer y cómo jugar. Describe el juego a un amigo. Dile el título y cómo empezar el juego.

Sugerencias

- Para que te diviertas más, lee y sigue las instrucciones que aparecen en la pantalla cuando juegues un juego de computación o videojuego.
- Identifica las convenciones escritas que se usan para el juego.

Vocabulario Oral

Hablemos sobre

Tradiciones celebradas y compartidas

- Comenta la información sobre tradiciones compartidas a través de celebraciones.

- Comenta tus ideas sobre tradiciones compartidas a través de eventos especiales.

CALLE DE LA LECTURA EN LÍNEA
VIDEO DE HABLAR DEL CONCEPTO
www.CalledelaLectura.com

496

¡Has aprendido **233** palabras asombrosas este año!

¡Imagínalo! | **Sonidos para aprender**

Dr. (Doctor)

Abreviaturas

CALLE DE LA LECTURA EN LÍNEA
TARJETAS DE SONIDOS Y GRAFÍAS
www.CalledelaLectura.com

Fonética

Abreviaturas

Sonidos y sílabas que puedo combinar

Dr.

Sr.

Srta.

D.

Dra.

Oraciones que puedo leer

1. La Srta. García fue mi maestra de primer grado.

2. El Dr. Blanco y la Dra. Ruiz trabajan en la clínica.

3. D. Julio, el dueño de la tienda, es el papá del Sr. Guzmán.

¡Mi clase fue de paseo y fue toda una aventura! Mi maestra, la Srta. Santiago, le dijo al chofer del autobús que tomara la carretera hacia el S. porque íbamos en la dirección equivocada. El Sr. Aguirre dijo que debíamos ir rumbo N. La Sra. Luna llamó por tel. al parque de diversiones para estar seguros y dijo –Dña. Lidia,vea Ud. el mapa por favor. ¡Pero el mapa no era de EE.UU. ! Mientras tanto, yo me entretenía contando el núm. de carros rojos que veía por el camino. Al final, terminamos viajando

hacia el O.

Has aprendido

🔄 Abreviaturas

¡Imagínalo!

Destreza

Estrategia

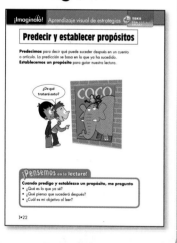

Destreza de comprensión

Hechos y detalles

• Los hechos y detalles dan información sobre un cuento.

• Los hechos son informaciones que se pueden probar. Los detalles pueden servir de ayuda para que imagines qué sucede a medida que lees.

• Mientras lees "La Casa Blanca", busca hechos y detalles y úsalos para completar el siguiente ordenador gráfico.

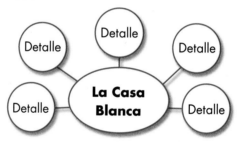

Estrategia de comprensión

Predecir y establecer propósitos

El buen lector piensa qué sucederá después en un cuento. Luego, lee para averiguar si estaba en lo cierto. Esto se llama predecir y establecer un propósito. Puedes usar ilustraciones, títulos, y oraciones principales como ayuda para predecir. Luego, puedes leer para averiguar si estabas en lo cierto.

LA CASA BLANCA

Estrategia Lee el título. Mira la ilustración. ¿De qué crees que tratará esta historia? Lee para averiguar si estás en lo cierto.

El presidente vive y trabaja en la Casa Blanca en Washington, D.C. La Casa Blanca es un lugar muy grande. Tiene 132 salas. Algunas de las salas son oficinas, otra son para fiestas o bailes.

La Casa Blanca es un lugar de trabajo muy concurrido. Mucha gente trabaja en las oficinas que hay allí. Muchas personas van para hablar con el Presidente. ¡El Presidente puede que reciba a 100 o más visitantes por día!

La Casa Blanca también es el hogar de la familia del Presidente. La familia vive en el piso de arriba. ¡Muchos dirían que la familia del Presidente tiene suerte! La Casa Blanca tiene una piscina, por tanto, la familia puede nadar en su casa. La Casa Blanca también tiene una biblioteca, pistas de bolos y un cine. ¡Incluso el doctor del Presidente tiene una oficina en la Casa Blanca!

Destreza Este párrafo tiene hechos y detalles. ¿Cuál es un detalle acerca de la Casa Blanca?

Tal vez, algún día visites la Casa Blanca. Cada semana, mucha gente viene a visitar sus grandes salas. ¡La Casa Blanca es un gran lugar para visitar!

¡Es tu turno!

¿Necesitas repasar? Mira el *¡Imagínalo! Cuaderno de práctica* para obtener ayuda sobre hechos y detalles y predecir y establecer propósitos.

¡Inténtalo! Mientras lees *Grace para presidenta*, usa lo que has aprendido sobre hechos y detalles y predecir y establecer propósitos.

501

elecciones

micrófono

mítines

capitán
lema
discursos

Estrategia de vocabulario para

Palabras con varios significados

Claves del contexto Cuando lees, te puedes encontrar con una palabra que conoces, pero el significado no tiene sentido en la oración. La palabra puede ser una palabra con varios significados. Puedes buscar en un diccionario o glosario para determinar el significado relevante de la palabra.

1. Usa las palabras guía en la parte de arriba de cada página para ayudarte encontrar la palabra.

2. Lee los significados que dan para la palabra.

3. Decide cuál de los significados de la palabra le dan sentido a la oración.

Lee "Marcus y Jin". Usa un diccionario o glosario para ayudarte a determinar el significado de las palabras con varios significados.

Palabras para escribir Vuelve a leer "Marcus y Jin". Escribe por lo menos tres preguntas a Marcus sobre Washington, D.C. Usa palabras de la lista de *Palabras para aprender*.

Marcus y Jin

Marcus y Jin son amigos. Marcus habló sobre su viaje a Washington, D.C.

—Fue divertido —dijo—. Llegué a ver el Congreso de los Estados Unidos. Allí es donde se reúnen los miembros del Congreso. Es una asamblea.

Jin preguntó —¿Qué hacen allí?

Marcus se encogió —Hacen leyes para nuestro país— dijo.

—¿Cómo llega una persona a ser miembro del Congreso? —preguntó Jin.

—Hay elecciones en el país. La gente vota por la persona que quieren los represente. —dijo Marcus—. Una persona que quiere ser miembro del Congreso tiene mítines. Él o ella da discursos usando un micrófono para que todos puedan oír. Luego esa persona conoce a gente y le pide su voto. La persona se convierte en miembro, si él o ella obtiene suficientes votos. Esa persona podría usar un lema también.

—¿Por qué usaría esa persona un lema? —preguntó Jin.

—Ayuda a que la gente se acuerde de votar por ellos —dijo Marcus.

—Voy a ser el capitán en las elecciones de la escuela —dijo Marcus— ¿me quieres ayudar?

—Por supuesto que sí —respondió Jin.

¡Es tu turno!

¿Necesitas repasar? Para obtener ayuda adicional sobre el uso de un diccionario o glosario para hallar los significados de palabras con varios significados, mira la sección *¡Palabras!*, en la página p.10.

 ¡Inténtalo! Lee *Grace para presidenta* en las páginas 504 a 519.

GRACE PARA PRESIDENTA

por Kelly DiPucchio ilustrado por LeUyen Pham

La **ficción realista** cuenta sobre sucesos inventados que podrían ocurrir en la vida real. Ahora leerás sobre una elección en un escuela.

Grace para presidenta

Pregunta de la semana

¿Cómo celebramos y compartimos diferentes tradiciones?

Una mañana de septiembre, la Srta. Barrington desplegó un cartel grande con fotografías de todos los presidentes. Grace Campbell no podía creer lo que estaba viendo.

¿Dónde están las NIÑAS?

—¡Ésa es una buena pregunta! —dijo la Srta. Barrington.

—La verdad es que nuestro país nunca ha tenido una mujer presidenta.

—¿NUNCA una niña presidenta? —preguntó Grace.

—No, me temo que no —dijo la Srta. Barrington.

Grace se sentó en su pupitre molesta. ¿Ninguna niña? ¿Quién ha oído semejante disparate?

Finalmente, levantó la mano.

—¿Sí, Grace?

—Lo he estado pensando una y otra vez y ¡me gustaría ser **PRESIDENTA**!

Varios estudiantes en la clase se rieron.

—Bueno, creo que ésa es una idea brillante, Grace.

—En realidad, ¡podemos tener nuestras propias elecciones aquí en la escuela primaria Woodrow Wilson!

Las risitas cesaron. Grace sonrió.

—¿A alguien más le gustaría postularse para presidente? —La Srta. Barrington le preguntó a la clase.

Nadie levantó la mano.

¡Salir electa presidenta va a ser fácil! pensó Grace.

Al día siguiente, la Srta. Barrington hizo una declaración.

—En nombre de la **DEMOCRACIA**, he invitado a la clase del Sr. Waller a participar en nuestras elecciones.

¡Su clase ha nominado a **THOMAS COBB** candidato presidencial!

Grace sintió un peso en el corazón.

Thomas era el campeón del concurso de deletreo de la escuela. Sus experimentos siempre eran premiados en la feria de ciencias. También era el capitán del equipo de futbol.

508

"Después de todo, llegar a ser presidenta no va a ser tan fácil", pensó Grace.

Los maestros metieron dentro de un sombrero los nombres de los cincuenta estados más el Distrito de Columbia. Cada estudiante, excepto Grace y Tomás, pudo escoger un estado.

—¡Soy Texas! —dijo Anthony.

—¡Soy New Hampshire! —dijo Rose.

—Soy Michigan —dijo Robbie—. ¿Qué significa el número 17?

—A cada estado se le asigna un número de votos electorales. El número lo determina la cantidad de gente que vive en ese estado —explicó la Srta. Barrington—. Cada uno de ustedes será el representante de su estado.

—En total, nuestro país tiene 538 votos electorales — explicó el Sr. Waller—. El día de las elecciones, ¡el candidato que reciba 270 votos o más gana las elecciones!

—¿Por qué 270? —preguntó Rose.

—Es más de la mitad de todos los votos electorales —dijo el Sr. Waller.

Ser electa presidenta REALMENTE no va a ser tan fácil, Grace pensó.

A Grace se le ocurrió un lema para su campaña:

A Thomas se le ocurrió un lema propio para su campaña:

Grace escuchó cuáles eran los asuntos más importantes para los estudiantes e hizo una lista de promesas de campaña:

Thomas hizo su propia lista de promesas:

Grace hizo carteles y botones de campaña.

Thomas también hizo carteles y botones.

Cada semana, los maestros asignaban tiempo para que los candidatos se reunieran con los electores.

Se hicieron encuestas.

Los votantes estaban haciendo su selección.

Grace continuó con su campaña.

Durante el recreo, pronunció **DISCURSOS**.

Durante el almuerzo, regaló **PASTELITOS**.

Después de clases, organizó **MÍTINES**.

MIENTRAS TANTO, Thomas no se preocupaba.

Había calculado inteligentemente que los **NIÑOS** tenían ligeramente más votos electorales que las **NIÑAS**.

Durante el recreo, Thomas estudiadaba sus palabras para deletrear.

Durante el almuerzo, trabajaba en su último experimento de ciencias.

Después de clases, jugaba futbol.

Incluso antes de las elecciones, Grace cumplió
sus promesas. Se integró a la escuadra de seguridad.
Organizó un comité de embellecimiento de la escuela
y trabajó como voluntaria en la cafetería de la escuela.

A principios de noviembre, la escuela primaria
Woodrow Wilson organizó una asamblea especial
del Día de Elecciones. Grace y Thomas ocuparon sus
lugares en el escenario mientras la banda de la escuela
comenzaba a tocar.

Henry fue el primer representante que se acercó al
micrófono.

¡Alabama, el estado del pájaro escribano cerillo, emite sus 9 votos electorales a favor de Thomas Cobb!

¡Alaska, el estado de la última frontera, emite sus 3 votos electorales a favor del niño perfecto para el cargo, Thomas Cobb!

Fletcher dijo:

Hannah gritó:

¡Arizona, El estado del Gran Cañón, emite sus 10 votos electorales a favor de Grace Campbell!

Y así continuó. Estado tras estado emitieron sus votos electorales. El marcador en el gimnasio llevaba la cuenta de los totales.

515

El proceso de votación se aproximaba rápidamente a su fin.

Clara se acercó al estrado.

¡Wisconsin, el estado del tejón, emite sus 10 votos a favor de mi mejor amiga, Grace Campbell!

Grace miró el marcador.

Thomas tenía 268 votos electorales. Ella tenía 267.

Sólo quedaba un estado sin contar. **WYOMING.**

Thomas sonrió.
Grace se sintió mal.

Sam caminó hacia el micrófono.

Miró a Thomas.

Miró a Grace.

Miró la bandera hecha a mano de Grace.

Sam no dijo una palabra.

—¿Qué estás esperando? —le susurró Thomas.

La banda dejó de tocar.

Todas las miradas se dirigieron a Wyoming.

Finalmente, Sam se aclaró la garganta.

Wyoming, el estado de la igualdad, emite sus 3 votos electorales a favor de…

¡¡¡GRACE CAMPBELL!!!

Los gritos de ¡viva! estremecieron el gimnasio (también se oyeron algunos abucheos).

La Srta. Barrington se acercó al estrado.

—Con 270 votos electorales, ¡la ganadora es Grace Campbell!

Thomas se veía aturdido. Grace abrazó a Sam.

—¿Por qué lo hiciste? —le preguntó ella.

Sam le dio a Grace su bandera.

—Porque —dijo él— pensé que eras la persona indicada para el cargo.

La semana siguiente, los estudiantes de la clase de la Srta. Barrington estaban preparando sus presentaciones para el Día de las Profesiones.

Grace se ofreció a ser la primera. Se paró frente a la clase y miró el cartel que aún estaba en la pared.

Mi nombre es Grace Campbell y cuando crezca voy a ser la presidenta de Estados Unidos.

Esta vez, todos creyeron que ella podría serlo.

519

¡Imagínalo! | Volver a contar

CALLE DE LA LECTURA EN LÍNEA
ORDENACUENTOS
www.CalledelaLectura.com

Piensa críticamente

Leamos juntos

1. En el cuento, Grace se postuló para ser presidenta. ¿Quién es el presidente de los Estados Unidos hoy? **El texto y el mundo**

2. ¿Qué mensaje quiere el autor que sepas? **Pensar como un autor**

3. Mira de nuevo y localiza tres detalles importantes del proceso de elecciones en los Estados Unidos. ¿Cómo puedes saber si los detalles son reales? **Hechos y detalles**

4. Basándote en el cuento, ¿qué predicción puedes hacer sobre el futuro de Grace? **Predecir y establecer propósitos**

5. Mira de nuevo y escribe Mira de nuevo las páginas 508–509. ¿Por qué pensó Grace que no iba a ser fácil ser presidenta? Da evidencia que apoye tu respuesta.

PRÁCTICA PARA EL EXAMEN Respuesta desarrollada

Kelly DiPucchio

Kelly DiPucchio tiene mucho talento. De joven, quería ser garabateadora profesional o ser intérprete de música. De adulta, escogió ser escritora.

A Kelly DiPucchio siempre le ha gustado la literatura para niños. No empezó a escribir sus propios cuentos hasta después de que nacieron sus hijos. Dice que sus hijos le enseñaron sobre la importancia del humor. Kelly DiPucchio es autora de más de siete libros para niños y actualmente continúa escribiendo cuentos para niños.

Lee otros libros
sobre tradiciones.

My Tata's Guitar/
La guitarra de mi tata

Celebra el Año
Nuevo Chino

Usa el Registro de lecturas del *Cuaderno de lectores y escritores*, para anotar tus lecturas independientes.

Objetivos
• Escribir para tratar de convencer al lector e tomar parte en una cuestión que es importante para ti.
• Identificar y usar los signos de puntuación, entre ellos, la puntuación al comienzo y al final de la oración.

Leamos juntos

¡Escribamos!

Aspectos principales de un enunciado persuasivo

● incluye ideas para convencer a los lectores

● usa razones, hechos y ejemplos

● puede usar palabras persuasivas para pedir que se haga algo

CALLE DE LA LECTURA EN LÍNEA
GramatiRitmos
www.CalledelaLectura.com

WYOMING

522

Escritura persuasiva

Enunciado persuasivo

Un enunciado persuasivo usa razones, hechos o ejemplos para convencer a los lectores de que hagan algo o piensen de cierta manera. El modelo del estudiante es un ejemplo de enunciado persuasivo.

Instrucciones Piensa en una tradición que consideras importante. Escribe un enunciado para persuadir a las personas de tu escuela o comunidad para que continúen esa tradición.

Lista del escritor

Recuerda que debes...

☑ usar razones, hechos o ejemplos para persuadir.

☑ escoger palabras que expliquen lo que piensas.

☑ usar las comas correctamente en oraciones compuestas.

Nuestro mapa de los 50 estados

Nosotros queremos que el mapa de los EE.UU. en el patio de recreo luzca como nuevo.

Podemos ir caminando en el mapa a cualquier **estado,** pero ahora parecen estados tristes. Nosotros corremos sobre el **mapa,** y la pintura está vieja.

Todos podemos ayudar a pintarlo.

Así nuestra escuela lucirá más hermosa, y todos nos seguiremos sintiendo orgullosos de pertenecer a ella.

El escritor usa **comas** en oraciones compuestas.

Género: Este **enunciado persuasivo** apoya una idea con razones y hechos.

Característica de la escritura: Lenguaje: El escritor usa palabras expresivas.

Normas

La coma en oraciones compuestas

Recuerda Dos oraciones que están relacionadas pueden combinarse usando una coma y una palabra que conecta, como **y, o** o **pero**. La oración combinada se llama **oración compuesta**. Lleva un punto al final.

Estudios Sociales en Lectura

Género
Texto informativo

- El texto informativo usualmente presenta hechos acerca de gente, lugares y sucesos reales que reflejan la historia o las tradiciones de comunidades.
- El texto informativo usualmente tiene un tema.
- El texto informativo puede tener pies de ilustración e ilustraciones.
- Lee "Hogar, dulce hogar". Busca elementos que lo hacen un texto informativo.

Hogar dulce hogar

por Almira Astudillo Gilles

Hace mucho tiempo, no había carreteras, teléfonos, centros comerciales ni juegos de video. Hace mucho tiempo, los indígenas de América del Norte eran los únicos habitantes de California.

Los indígenas de América del Norte construyeron muchos tipos de casas, usando materiales que eran fáciles de encontrar. En el norte, había bosques y madera abundante para hacer casas. Los miwok, un grupo que vivió en el centro de California, tenía casas en forma de conos. Otras casas eran redondas, como las de la tribu de los chumash en el sur. Para construir estas casas redondas, hacían postes de ramas y los enterraban en el suelo formando un círculo.

524

choza de los chumash

Pensemos...

¿De qué forma eran las casas del miwok?
Texto informativo

Pensemos...

¿Por qué nos dice la autora qué podría haber dentro de una casa de indígenas de América del Norte?
Texto informativo

Estos postes estaban doblados en la parte de arriba, y ponían ramas más pequeñas alrededor. En la parte de afuera, agregaban pedazos de arbustos. Un agujero en la parte de arriba dejaba entrar el aire. Cuando llovía, cubrían el agujero con pieles de animales.

En el interior de una casa de indígenas de América del Norte, es posible que encuentres alfombras de pasto en el suelo. Puede que encuentres dinero hecho con conchas de mar. Quizá encuentres mocasines y ropa hecha con pieles de animales. Quizá encuentres un arco y flechas para cazar. Para los niños, a lo mejor hay muñecos o trompos hechos de bellotas.

Las familias vivían juntas en una aldea.

mocasines

525

Los abuelos, primos, tías y tíos vivían cerca. Las aldeas podían ser pequeñas con sólo algunas familias, o grandes, con muchas familias. Cada aldea tenía un jefe que podía ser hombre o mujer.

Muchos indígenas de América del Norte en California usaban bellotas como alimento. Algunos grupos, como los wiyot, vivían lejos de los bosques de robles. Mudaban sus hogares al bosque cuando era tiempo de cosecha. Los hombres sacudían los robles para que las bellotas se cayeran. Las mujeres y los niños las recolectaban.

bellotas

La familia era lo más importante en los hogares de los indígenas de América del Norte. Al igual que hoy en día, un hogar era el lugar para descansar y pasar tiempo juntos. Estas casas eran un cuarto muy grande. Las familias jugaban juegos. Los ancianos contaban cuentos. Los adultos hablaban acerca de sucesos importantes en la aldea.

Los hombres indígenas a veces construían casas de sudar. La casa de sudar era un lugar a donde los hombres iban para curarse y rezar. Adentro había un fogón con piedras.

Pensemos...

¿Cuál es el tema o la "idea principal" de este párrafo?
Texto informativo

El interior se ponía muy caliente cuando el fuego ardía. Después de sudar mucho, los hombres salían corriendo y saltaban a un arroyo fresco.

Una casa de sudar se hace de esta manera:

Paso 1. Haz una armazón con pedazos largos de madera.

Paso 2. Coloca ramas a través de la armazón.

Paso 3. Coloca pedazos espesos de arbustos arriba de las ramas.

Paso 4. Cubre el techo con tierra. El techo no debe ser más de cinco pulgadas de grueso.

casa de sudar

Pensemos...

Relacionar lecturas "Hogar, dulce hogar" y *Grace para presidenta* cuentan acerca de líderes de la comunidad. ¿Qué aprendes acerca de líderes en cada selección? Haz una tabla para anotar tus ideas.

Escribir variedad de textos Usa tu tabla para escribir un párrafo corto. Saca una conclusión acerca de quiénes pueden ser líderes. Basa tus ideas en las selecciones.

Objetivos

• Leer en voz alta textos adecuados al grado en que tú estás. • Poner palabras en orden alfabético y usar un diccionario o un glosario para buscar palabras. • Escuchar con atención a los hablantes y hacer preguntas que te ayuden a entender mejor el tema. • Comentar información e ideas sobre el tema. Hablar con claridad y a un ritmo adecuado.

Leamos juntos

¡Aprendamos!

CALLE DE LA LECTURA EN LÍNEA
LIBRO DEL ESTUDIANTE EN LÍNEA
www.CalledelaLectura.com

Vocabulario

Palabras con múltiples significados

Diccionario/Glosario Puedes buscar la palabra en un diccionario o glosario para averiguar su significado relevante en una oración.

¡Practícalo! Lee cada oración. Usa un diccionario o glosario para averiguar el significado relevante de cada palabra en negritas.

1. El **banco** de peces es enorme.

2. Marina nos **enseña** sus zapatos de baile.

3. Este **botón** sirve para abrir la ventana.

Fluidez

Leer con expresión apropiada Cuando lees, agrupa las palabras. Las comas y la puntuación final te puede ayudar a agrupar palabras. Trata de leer las palabras en grupos.

¡Practícalo! Lee el texto en voz alta.

Hay muchas figuras diferentes en el juego de ajedrez. A cada jugador le toca un rey y una reina. A cada jugador le tocan dos alfiles, dos torres, dos caballos y ocho peones.

Escuchar y hablar

Prepárate para el tercer grado

Identifica el propósito del informe de otras personas y decide si logran comunicarlo.

Escuchar el propósito del hablante

Cuando presentas un informe, quieres comunicarte con tu público. Asegúrate de tomar en cuenta a tu público mientras preparas tu informe. Dile a las demás personas porqué presentas esa información. El público desea saber tu propósito. Pueden preguntar, "¿Por qué me dice esto el presentador?" Tu informe debe ayudarlos a identificar la razón para escucharte.

Busca información sobre el tema de tu informe. Busca hechos que apoyen tus ideas. Puedes empezar un informe sobre trucos de perros con esta oración: "Los perros pueden hacer muchos trucos". Así el público sabrá de que se trata tu informe.

Cuando escuchas a otras personas, piensa en lo que dicen. ¿Sabes de qué se trata su reporte? ¿El presentador apoya sus ideas con hechos? ¿Usa detalles para hacer el reporte interesante?

¡Practícalo! Escribe un informe corto sobre un tema de tu interés. Presenta el informe a la clase. Habla claramente, a un ritmo apropiado y usa oraciones completas. Identifica el propósito en otros reportes que escuchas en la clase. Explica cuál es el propósito cuando terminen las otras personas.

Aa

a·ba·rro·tes **Abarrotes** son alimentos y otros artículos que venden las tiendas pequeñas de los vecindarios. *SUSTANTIVO*

acordeón

a·cor·de·ón Un **acordeón** es un instrumento musical de viento. Los aco*RDE*ones tienen un fuelle y unas teclas para producir sonidos musicales. *SUSTANTIVO*

al·can·cí·a Una **alcancía** es un recipiente pequeño que sirve para ahorrar dinero. Tiene una abertura estrecha en la parte de arriba por donde se introduce el dinero. *SUSTANTIVO*

a·lum·bra·do El **alumbrado** es el conjunto de luces que iluminan un lugar. *El* **alumbrado** *de la plaza del pueblo es precioso.* *SUSTANTIVO*

A·mé·ri·ca **América** es otro nombre para referirse a **América** del Norte. *SUSTANTIVO*

a·ni·ver·sa·rio Un **aniversario** es un día especial en que se celebra el nacimiento o comienzo de algo. En un **aniversario** de bodas, se celebra el día en que una pareja se casó. *SUSTANTIVO*

ar·ci·lla El suelo está formado por partículas de una sustancia que se llama **arcilla.** La **arcilla** es fácil de moldear si se le añade agua. *SUSTANTIVO*

a·rre·mo·li·na **Arremolinarse** quiere decir amontonarse o agruparse sin orden. *La gente se* **arremolina** *para ver pasar el desfile.* VERBO

a·sen·tar·nos **Asentarse** es quedarse a vivir en un lugar por mucho tiempo. *Queríamos* **asentarnos** *en esa ciudad.* VERBO

a·ven·tu·ras En una **aventura** haces algo emocionante y fuera de lo común. *Este libro está lleno de* **aventuras.** SUSTANTIVO

Bb

bac·te·ria Las **bacterias** son organismos muy pequeños que sólo se pueden ver con un microscopio. SUSTANTIVO

ban·de·ra Una **bandera** es un trozo de tela de varios colores que tiene estrellas u otros símbolos. Cada país y cada estado tiene su propia **bandera.** SUSTANTIVO

bandera

bron·cos

1. Se les llama **broncos** a los caballos sin domar.

2. **Bronco** es algo que está hecho de forma tosca e imperfecta. ADJETIVO

canasta • cosecha

Cc

canasta

ca·nas·ta Una **canasta** es un objeto que sirve para llevar cosas o guardarlas. Las **canastas** están hechas de plástico, caña u otros materiales. *SUSTANTIVO*

cañones Un cañon es un valle estrecho con altas laderas, a veces con una corriente de agua en el fondo: Se pueden visitar muchos **cañones** en los estados al oeste de Estados Unidos. *SUSTANTIVO*

car·na·val El **carnaval** es una fiesta popular. En **carnaval,** hay música en la calle y la gente lleva máscaras y disfraces. *SUSTANTIVO*

chis·to·so/a **Chistoso** quiere decir cómico. Alguien o algo es **chistoso** si te hace gracia. *ADJETIVO*

club Un **club** es un grupo de personas que se unen para hacer alguna actividad. Un **club** también es el lugar donde se reúne un grupo. *SUSTANTIVO*

co·mal Un **comal** es un disco de metal o barro que sirve para hacer tortillas de maíz. *SUSTANTIVO*

co·ral Un **coral** es un arrecife que se forma en el fondo del mar por la acumulación de los esqueletos de pequeños animalitos marinos. *SUSTANTIVO*

co·rre·di·zo/za Un nudo **corredizo** se desliza con facilidad. *ADJETIVO*

co·se·cha Una **cosecha** es el conjunto de frutos maduros que se recolectan al final de una temporada. *La* **cosecha** *de manzanas este otoño fue muy buena.* *SUSTANTIVO*

Dd

des·pe·dir·se **Despedirse** significa decir adiós. *Fue a* **despedirse** *de sus padres antes de salir.* VERBO

Ee

e·di·fi·cio Un **edificio** es una construcción que tiene paredes y tejado. Las escuelas, las casas y los establos son **edificios.** SUSTANTIVO

e·lo·tes El maíz y las mazorcas de maíz tiernas se llaman **elotes** en México y otros países de América Central. SUSTANTIVO

em·pa·car Cuando **empacas,** haces las maletas. **Empacar** también significa guardar todas tus cosas en cajas. *El camión de la mudanza se llevó las cajas que habíamos terminado de* **empacar.** VERBO

edificio

en·ca·mi·na **Encaminar** es llevar a alguien a un sitio caminando. **Encaminar** también significa decirle a alguien qué camino debe seguir. VERBO

en·co·ger·se **Encogerse** es alzar los hombros ligeramente para indicar que no sabes algo o no estás interesado. *Mi hermana* **se encoge** *de hombros cuando le pregunto por mis lápices de colores.* VERBO

enredadera • estrellas

en·re·da·de·ra Una **enredadera** es una planta que crece cerca del suelo. Algunas **enredaderas** trepan por las paredes o vallas. Las calabazas, melones y uvas crecen en **enredaderas**. *SUSTANTIVO*

en·ros·ca·do/da Algo está **enroscado** cuando rodea otra cosa en forma de rosca. *En el zoo, vi una serpiente* **enroscada** *en el suelo*. *VERBO*

e·qui·li·brio
1. Hay **equilibrio** cuando las balanzas de una pesa están a la misma altura.

2. Se mantiene el **equilibrio** cuando alguien o algo no se cae. *SUSTANTIVO*

es·ca·la·ron Cuando **escalas,** usas las manos y los pies para subir a un sitio. *VERBO*

es·ta·ción
1. Una **estación** es el lugar donde tomas el tren o el autobús.

2. Una emisora de radio. *Escucho una* **estación** *de música clásica*. *SUSTANTIVO*

es·tre·llas Las **estrellas** son los puntos de luz que brillan en el cielo. *Esta noche se ven las* **estrellas** *con claridad*. *SUSTANTIVO*

estrellas

Ff

fa·vo·ri·to/ta Nuestras cosas **favoritas** son las que nos gustan más. Mi fruta **favorita** *es la sandía.* ADJETIVO

fe·rro·ca·rril El **ferrocarril** es un sistema de trenes, vías y estaciones. SUSTANTIVO

fir·ma Tu **firma** es la manera en que escribes tu nombre cuando **firmas.** *Los estudiantes van a traer las autorizaciones con las* **firmas** *de sus padres.* SUSTANTIVO

fran·jas Las **franjas** son listas largas y estrechas de colores. La bandera de los Estados Unidos tiene siete **franjas** rojas y seis franjas blancas. SUSTANTIVO

frun·cien·do **Frunces** el ceño porque algo no te gusta o no te convence. Cuando **frunces** el ceño, arrugas la frente y las cejas. *Mostró su enojo* **frunciendo** *el ceño, al ver su bicicleta rota.* VERBO

fru·to Un **fruto** es la parte de un árbol, arbusto o enredadera que tiene semillas y se come. Las manzanas, fresas y naranjas son **frutos.** SUSTANTIVO

fruto

galopaban • lisos/sas

Gg

ga·lo·pa·ban Los caballos **galopan** cuando corren muy rápido. *VERBO*

ga·na·do El **ganado** lo forman animales que se crían por su carne, leche o piel, como las vacas. *SUSTANTIVO*

ganado

gru·ño **Gruñir** es hablar bajo. **Gruñes** cuando te duele algo o estás a disgusto. *Mi papá dice que* **gruño** *cuando me despierta bien temprano.* *VERBO*

Hh

ho·gue·ra Una **hoguera** es un fuego que se hace al aire libre para entrar en calor o para cocinar. *SUSTANTIVO*

hu·mus El **humus** es un material que está en el suelo. El **humus** está formado por restos de plantas y animales. *SUSTANTIVO*

Ii

i·dio·ma El **idioma** es la lengua que hablas. *SUSTANTIVO*

Jj

ja·más **Jamás** significa nunca. *ADVERBIO*

Ll

li·mo El **limo** forma parte del suelo. Las partículas de **limo** son más pequeñas que las de arena. *SUSTANTIVO*

li·sos/sas Algo es **liso** cuando su superficie no tiene arrugas ni es áspera. *La hoja de papel es* **lisa.** *ADJETIVO*

Mm

ma·na·da Una **manada** es un grupo de animales de la misma especie que andan juntos. *Vimos una* **manada** *de lobos.* SUSTANTIVO

más·ca·ras Las **máscaras** sirven para proteger o cubrir la cara. *Los bomberos llevan* **máscaras** *para respirar.* SUSTANTIVO

ma·to·rral Un **matorral** es un grupo de matas o arbustos espesos. SUSTANTIVO

me·cer·se **Mecer** quiere decir que algo o alguien se mueve varias veces de un lado a otro desde un lugar fijo. VERBO

me·jo·res Lo **mejor** es lo más importante para ti y lo que más te gusta. *Pensó que era uno de los* **mejores** *que había leído.* ADJETIVO

me·ne·an·do **Menear** quiere decir mover algo de un lado a otro. VERBO

me·sa·ban·co Los **mesabancos** son muebles que hay en las escuelas para que los estudiantes se sienten. Un **mesabanco** tiene una mesa para leer o escribir, y un banco para sentarse. SUSTANTIVO

mi·ne·ra·les Los **minerales** forman parte de la naturaleza. Las rocas, el agua y el suelo tienen **minerales.** SUSTANTIVO

mesabanco

mudanza • P.M.

mu·dan·za Haces una **mudanza** cuando te vas a vivir a otro lugar y te llevas todas tus cosas. *SUSTANTIVO*

mues·tra **Mostrar** es enseñar algo para que se vea. **Muestra** *las fotos que tomaste. VERBO*

mu·ni·ci·pal **Municipal** significa que pertenece al municipio o ciudad. Un gimnasio **municipal** es público y pueden usarlo todas las personas que viven en el municipio. *ADJETIVO*

Oo

ob·je·tos Un **objeto** es una cosa. *En el cajón hay varios* **objetos:** *un reloj, una carta y unas gafas. ADJETIVO*

Pp

pa·ra·li·za·do/da **Paralizado** quiere decir que no se mueve. Cuando alguien no sabe qué hacer en una situación, se puede quedar **paralizado.** *ADJETIVO*

objetos

per·ma·ne·cie·ron **Permanecer** significa continuar en el mismo lugar o seguir haciendo algo. *Cuando terminó la película, todos* **permanecieron** *en la sala unos minutos. VERBO*

P.M. **P.M.** es una abreviatura que significa después del mediodía. **P.M.** se refiere a las horas que van desde el mediodía hasta las 11:59 de la noche.

pre·gun·ta·ba, se **Te preguntas** sobre alguna cosa si quieres saber más detalles. **Se preguntaba** *dónde estaba Mateo.* *VERBO*

pu·ña·do

1. Un **puñado** es la porción de algo que cabe en un puño.

2. Un **puñado** también significa poca cantidad. *SUSTANTIVO*

Qq

que·jo, me **Quejarse** significa decir que algo no te gusta. *A veces* **me quejo** *del tiempo que hace.* *VERBO*

que·ma·do/da **Quemado** significa que se ha consumido con el fuego. *El edificio no quedó totalmente* **quemado** *porque los bomberos apagaron el fuego a tiempo.* *ADJETIVO*

Rr

ra·íz La **raíz** es la parte de una planta que crece debajo de la tierra. *SUSTANTIVO*

raíz

rápidamente • rugosos/sas

rá·pi·da·men·te **Rápidamente** significa en poco tiempo, deprisa. *Respondió* **rápidamente** *a mi pregunta.* ADVERBIO

re·ga·lo Un **regalo** es algo que recibes o le das a alguien. *Su tío le dio su* **regalo** *de cumpleaños.* SUSTANTIVO

regalo

re·sue·llo Un **resuello** es el ruido que hace alguien cuando respira profundamente. *Estaba tan cerca de mí que oí su* **resuello.** SUSTANTIVO

ris·tra Una **ristra** es un conjunto de cosas colocadas unas tras otras y a veces unidas por un cordel. Las **ristras** también son trenzas hechas con ajos o cebollas. *Compramos una* **ristra** *de salchichas en el mercado.* SUSTANTIVO

ru·gi·do Un **rugido** es un sonido elevado y profundo. *El* **rugido** *del león asustó a los visitantes del zoo.* SUSTANTIVO

ru·go·sos/sas Algo es **rugoso** cuando tiene arrugas y, por eso, no es liso. *Las manzanas no son* **rugosas.** ADJETIVO

Ss

sa·cu·dió Sacudir quiere decir que algo o alguien se mueve con fuerza. *VERBO*

sam·ba La **samba** es un baile de Brasil. La música que acompaña este baile también se llama **samba.** *SUSTANTIVO*

sin·ce·ros/ras **Sincero** quiere decir verdadero. *Mis amigos no mienten,* son **sinceros.** *ADJETIVO*

so·bre·nom·bres Los **sobrenombres** son nombres que se usan en lugar del nombre real. *La Gran Manzana es el* **sobrenombre** *de la ciudad de Nueva York.* *SUSTANTIVO*

sor·pre·sa Recibes una **sorpresa** cuando ocurre algo que no esperas. *Le estoy preparando una* **sorpresa** *a Andrés.* *SUSTANTIVO*

sue·lo El **suelo** es la tierra donde crecen las plantas. *SUSTANTIVO*

suelo

541

sujetos/tas • túneles

su·je·tos/tas Algo está bien **sujeto** cuando está bien atado o fijo a un sitio y no se mueve. *Los asientos del tren están* **sujetos** *al suelo.* ADJETIVO

Tt

ta·ma·les Los **tamales** son alimentos de harina de maíz que se envuelven en hojas de plátano o de mazorca de maíz. Los **tamales** pueden estar rellenos de carne. SUSTANTIVO

tamales

tin·ti·ne·an·te Algo es **tintineante** si produce el sonido del tintín, que es un sonido parecido al de una campanilla o al de dos vasos de cristal que chocan. *Su* **tintineante** *bolsillo estaba lleno de monedas.* ADJETIVO

tú·ne·les Un **túnel** es un paso que va por debajo de la tierra. *Hicieron* **túneles** *para que el tren pasara a través de las montañas.* SUSTANTIVO

Vv

va·que·ros Los **vaqueros** son personas que trabajan en un rancho con ganado. Los **vaqueros** también participan en rodeos. *SUSTANTIVO*

vaquero

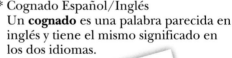

Unidad 4

Pepita empaca

Español	Inglés
abarrotes	groceries
comal	*comal
despedirse	to say goodbye
empacar	to pack
enroscado	curled up
mudanza	move
permanecieron	stayed
tintineante	jingling

El ciclo de vida de una calabaza

Español	Inglés
cosecha	harvest
enredadera	vine
fruto	*fruit
lisas	smooth
raíz	root
rugosas	bumpy
suelo	soil

El suelo

Español	Inglés
arcilla	clay
bacteria	*bacteria
humus	*humus
limo	silt
minerales	*minerals
puñado	scoop
túneles	*tunnels

La noche que la Luna se cayó

Español	Inglés
cañones	canyons
coral	*coral
equilibrio	balance
mecerse	sway
sacudió	shake
tiritas	slivers

* Cognado Español/Inglés
Un **cognado** es una palabra parecida en inglés y tiene el mismo significado en los dos idiomas.

La primera tortilla

Español	Inglés
arco iris	rainbow
despertado	awake
destapó	uncovered
peñascos	cliffs
sufriría	* suffer
volcán	* volcano

Unidad 5
¡Bomberos!

Español	Inglés
edificio	building
máscaras	masks
quemada	burning
rápidamente	quickly
rugido	roar
sujetas	tight

Carlos Quejoso

Español	Inglés
se encoge	shrugs
firma	signature
gruño	to grunt
municipal	* municipal
P.M.	* P.M
me quejo	complain

Abuelita llena de vida

Español	Inglés
acordeón	* accordion
elotes	ear of corn
estación	* station
jamás	never
ristra	string
tamales	* tamales

Horacio y Morris, pero más que nadie Dolores

Español	Inglés
aventuras	*adventure
club	clubhouse
escalaron	climbed
mejores	greatest
se preguntaba	wondered
sinceros	truest

El niño de cabeza

Español	Inglés
alumbrado	street lighting
asentarnos	to settle down
broncos	wild
encamina	to direct
idioma	language
matorral	brush
mesabanco	student desk
resuello	gasp

Unidad 6

Amelia y la fiesta de "muestra y cuenta"

Español	Inglés
arremolina	crowd together
carnaval	carnival
frunciendo	frowning
meneando	swaying
muestra	show
objetos	*objects
paralizada	*paralyzed
samba	*samba

Roja, blanca y azul: La historia de la bandera estadounidense

Español	Inglés
América	*América
aniversario	birthday
bandera	flag
estrellas	stars
franjas	stripes
sobrenombres	nicknames

Una canasta de cumpleaños para Tía

Español	Inglés
alcancía	bank
canasta	basket
chistosa	funny
favorito	*favorite
regalo	present
sorpresa	*surprise

Los vaqueros

Español	Inglés
corredizo	slipknot
ferrocarril	railroad
galopaban	galloped
ganado	cattle
hoguera	campfire
manada	herd
vaqueros	cowboys

Grace para presidenta

Español	Inglés
capitán	*captain
discursos	speeches
elecciones	*elections
lema	slogan
micrófono	*microphone
mítines	rallies

547

Photographs

Every effort has been made to secure permission and provide appropriate credit for photographic material. The publisher deeply regrets any omission and pledges to correct errors called to its attention in subsequent editions.

Unless otherwise acknowledged, all photographs are the property of Pearson Education, Inc.

Photo locators denoted as follows: Top (T), Center (C), Bottom (B), Left (L), Right (R), Background (Bkgd)

18 (Bkgd) ©Douglas Peebles Photography/Alamy; 20 (C) ©Walter Hodges/Corbis; 21 (TR) ©PM Images/Getty Images, (C) ©Steven Georges/Press-Telegram/Corbis; 26 ©Chris Ryan/Getty Images, ©Picture Partners/Alamy Images, ©Sigrid Olsson/Getty Images; 54 ©Superstudio/Getty Images; 55 (C) ©Helmut Meyer zur Capellen/zefa/Corbis, (T) ©Macduff Everton/Corbis; 57 (BR) ©2005/Ben Klaffke; 62 (TR) ©Royalty-Free/Corbis, (Bkgd) Getty Images; 64 (TC) ©2005/Ben Klaffke; 65 (R) ©Dwight R. Kuhn, (L) Getty Images; 66 (R, L) ©Dwight R. Kuhn; 67 (T) ©Shmuel Thaler/Index Stock Imagery; 68 (CR) ©Ben Klaffke, (T) ©Steve Solum/Index Stock Imagery; 69 (T) ©Dwight R. Kuhn; 70 (T) ©2005/Ben Klaffke; 71 (CR) ©Dwight R. Kuhn, (T) ©Reuters/Corbis; 72 (T) ©Dwight R. Kuhn, (CR) Getty Images; 73 (T) ©Barry Lewis/Corbis, (CR) ©Matthew Klein/Corbis; 74 (TR) ©Royalty-Free/Corbis, (TL) ©Tony Freeman/PhotoEdit; 75 ©Richard Hamilton Smith/Corbis; 84 ©Tom McHugh/Photo Researchers, Inc.; 85 (BR) ©Michael Boys/Corbis, (C) ©Richard T. Nowitz/Corbis, (TR) ©Robert J. Erwin/Photo Researchers, Inc.; 92 (Inset, Bkgd) Getty Images; 94 ©Image Source ; 95 (T) ©Michael Habicht/Animals Animals/Earth Scenes, (CR) ©Peter Gould/OSF/Animals Animals/Earth Scenes; 96 (B) ©Marli Miller/Visuals Unlimited; 97 (TL) ©Paul Springett/Alamy, (TR) ©Robert & Jean Pollock/Visuals Unlimited; 98 (T) ©Douglas Peebles Photography/Alamy; 99 (CR) ©Mark A. Schneider/Visuals Unlimited, (B) Harry Taylor/©DK Images; 100 (CR) ©Dennis Kunkel/Phototake, (T) ©Peter Arnold, Inc./Alamy Images; 101 (B) ©Jacana/Photo Researchers, Inc.; 102 (Inset) ©Kenneth W. Fink/Photo Researchers, Inc., (B) ©Michael S. Yamashita/Corbis; 103 ©Marli Miller/Visuals Unlimited; 106 (T) ©Aldo Pavan/Grand Tour/Corbis; 107 (T) ©Age fotostock/SuperStock; 109 ©Michael Boys/Corbis; 114 (T) ©Corbis/Jupiter Images, (BR) ©Tom McHugh/Photo Researchers, Inc.; 115 (T) ©David K. Werk/Alamy, (BR) Corbis/Jupiter Images; 116 (BR) ©Arthur Morris/Corbis, (T) ©W. Perry Conway/Corbis; 117 (C) Corbis/Jupiter Images; 120 ©Ashley Cooper/Corbis; 121 (TR) Corbis, (C) Jupiter Images; 148 ©Craig Aurness/Corbis; 154 ©Cultura/Corbis; 155 (CL) ©Manchan/Getty Images, (T) ©Rana Faure/Getty Images; 182 ©Kevin Anthony Horgan/Getty Images; 183 (CR) ©Geostock/Getty Images, (BL) ©Martin Barraud/Getty Images; 184 (CL) ©Alan R. Moller/Getty Images, (TR) Getty Images, (TC) ©Guy Grenier/Masterfile Corporation, (BL) ©Guy Motil/Corbis, (TL) ©Michael Melford/Getty Images, (BR) ©Randy Faris/Corbis; 185 (CR) Getty Images, (TR) ©Stan Osolinski/Getty Images, (Bkgd) Stephen Frink/Getty Images, (CL) ©World Perspectives/Getty Images; 190 ©Ariel Skelley/Corbis; 191 (TR) ©David Young-Wolff/Alamy Images, (BR) Lynton Gardiner/©DK Images, (CL) Getty Images; 198

(C) ©Tim Ross/Index Stock Imagery; 200 (TC) Lynton Gardiner/©DK Images, (TL) ©Roberts Company, Inc., (BL) ©Royalty-Free/Corbis; 201 (R) ©DK Images, (BC) Getty Images; 202 (CR) Lynton Gardiner/©DK Images, (TR, BR) ©DK Images; 203 (TR) Lynton Gardiner/©DK Images; 204 (C) Lynton Gardiner/©DK Images; 206 (C) ©James McLoughlin; 207 (BR) ©Rubberball Productions/Getty Images, (BC) Corbis; 208 (B) Getty Images; 209 (C) Lynton Gardiner/©DK Images; 210 (TL, BL) Lynton Gardiner/©DK Images, (BR) Lynton Gardiner/©DK Images; 211 (TR) Getty Images; 216 (TC) ©Roberts Company, Inc., (Bkgd) ©Comstock Images/Getty Images; 217 (BR) ©Royalty-Free/Corbis; 222 (BR) ©Clark Brennan/Alamy Images, (C) ©David Young-Wolff/Alamy Images; 223 (C) ©Scott Stulberg/Corbis; 256 ©Bob Sacha/Corbis; 257 (C) ©Michael Keller/Corbis, (TR) Corbis; 288 (B) ©David Young-Wolff/PhotoEdit, (C) ©Janet Jarman/Corbis; 289 (T) ©Simon D. Warren/zefa/Corbis; 318 (C) ©Bob Thomas/Getty Images; 319 (BR) ©Bob Gomel/Corbis, (TR) ©Lori Adamski Peek/Getty Images; 320 (BR) ©Charles Gupton, (TR) ©Tim Pannell/Corbis; 321 ©Lori Adamski Peek/Getty Images; 324 (R) ©Jerzyworks/Masterfile Corporation, (L) Corbis; 325 (T) ©Yellow Dog Productions/Getty Images; 352 (TR) ©Mark Harmel/Alamy Images; 353 (BR) ©David Young-Wolff/Stone/Getty Images; 354 (CL) ©Michael Newman/PhotoEdit; 360 ©Martin Alipax/epa/Corbis, (T) ©Redlink/Corbis; 387 (CL) The Granger Collection, NY; 388 (Bkgd) Alamy, (BR) ©Morton Beebe/Corbis; 389 (BL) ©Robert Galbraith/Corbis; 392 (C) ©Joe Giza/Reuters/Corbis, (BR) ©Blend Images/Jupiter Images; 393 (C) ©Ali Kabas/Alamy Images; 404 (CR) ©PoodlesRock/Corbis, (TR) ©Bettmann/Corbis, (BL) Stock Montage Inc.; 408 (T) Composite photograph of the almost 200-year-old Star Spangled Banner, the flag that inspired the national anthem. Smithsonian's National Museum of American History, ©2004; 409 (C) Corbis, (CR) Getty Images; 410 (T) The Granger Collection, NY; 412 ©Bjorn G. Bolstad/Photo Researchers, Inc.; 414 (BL) Corbis; 417 Digital Vision; 422 ©Terence Beddis/Getty Images; 425 (BR) ©Bettmann/Corbis, (BL) Stock Montage Inc.; 452 ©JLP/Jose L. Pelaez/Corbis; 454 Getty Images; 458 (C) ©David Stoecklein/Corbis, (CR) ©Jim Cummins/Corbis; 459 (L) ©David Fraizer/The Image Works, Inc., (T) ©David Stoecklein/Corbis; 466 (C) ©Guillaud Jean Miche/©Jean Michel Guillaud; 485 (C) Getty Images; 486 (BL) Getty Images, (T) ©Jules Frazier/Getty Images; 487 (TR, B) ©Jules Frazier/Getty Images; 496 (C) ©Marilyn Angel Wynn/Nativestock Pictures/Corbis; 497 (T) ©Richard Levine/Alamy Images, (L) ©Tim Mantoani/Masterfile Corporation; 502 ©Andy Sacks/Getty Images; 525 (T) ©Marilyn Angel Wynn/Nativestock Pictures/Corbis, (BL) ©The Bridgeman Art Library/Getty Images; 526 (TR) Getty Images; 527 (C) Indian Sweat House, Mendocino County, CA by Carleton Watkins, 1861–1871, #H87.204/19/State Library of Victoria, Melbourne, Australia; 531 (BL) Corbis; 532 (TR) ©Thinkstock/Getty Images; 533 (BL) ©Bud Freund/Index Open; 534 (BL) Digital Vision; 535 (B) Getty Images; 536 (CR) Getty Images; 539 (TR) Getty Images; 540 ©David Aubrey/Corbis; 542 (BL) ©David R. Frazier Photolibrary, Inc./Alamy; 543 (TR) Getty Images.

¡PALABRAS! | Manual de vocabulario

Antónimos

Sinónimos

Raíz de las palabras

Prefijos

Sufijos

Claves del contexto

Palabras relacionadas

Palabras compuestas

Homógrafos

Homófonos

Diccionario/Glosario

Diccionario de sinónimos

Antónimos

Los antónimos son palabras que tienen significado opuesto.
Sucio y *limpio* son antónimos.

Sucio

Limpio

> Los antónimos te sirven para contrastar dos cosas. Los antónimos te ayudan a entender las diferencias.

Sinónimos

Los sinónimos son palabras que tienen el mismo significado o un significado parecido. *Contento* y *feliz* son sinónimos.

Contento

Tu escritura puede ser más interesante si conoces sinónimos y los usas. Un diccionario de sinónimos te puede ayudar mucho a la hora de escribir.

Feliz

Raíz de las palabras

La raíz de las palabras es una palabra que no puede dividirse en otras más cortas o en partes de una palabra. *Aparecer* y *limón* son raíces de palabras.

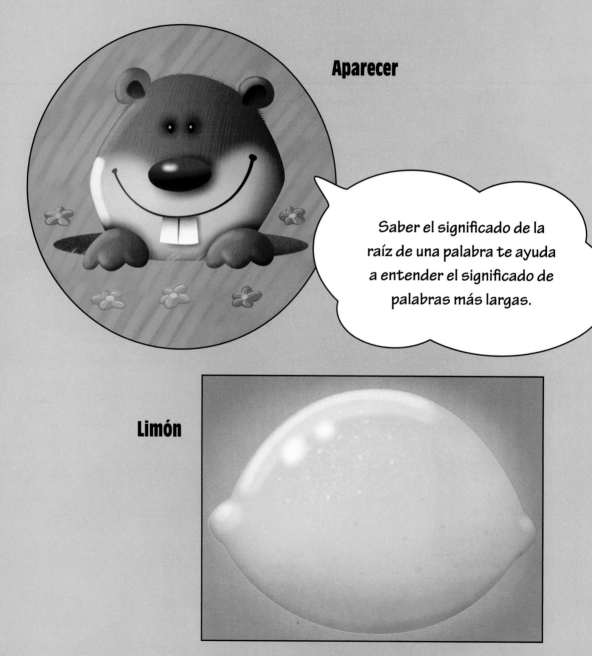

Aparecer

Saber el significado de la raíz de una palabra te ayuda a entender el significado de palabras más largas.

Limón

Prefijos

El prefijo es la parte de una palabra que se agrega al principio de la raíz de esa palabra. En la palabra *desaparecer, des-* es un prefijo.

Aparecer

Desaparecer

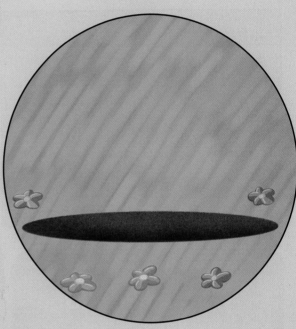

Saber el significado del prefijo de una palabra te ayuda a entender el significado de esa palabra.

Prefijos comunes y su significado

re-	de nuevo, otra vez
des-	lo contrario de
co-	junto con
extra-	muy, fuera de

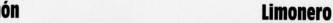

Sufijos

El sufijo es la parte de una palabra que se agrega al final de la raíz de esa palabra. En la palabra *limonero, -ero* es un sufijo.

Limón

Limonero

Sufijos comunes y su significado

-able, -ible	que se puede hacer
-ero, -era	ocupación, utensilio
-ico, -ica -ito, -ita -illo, -illa	poco o de tamaño reducido
-ísimo, -ísima	muy

Saber cómo un sufijo cambia una palabra puede ser muy útil para entender el significado de una palabra que no conoces.

Claves del contexto

Presta atención a las palabras que aparecen antes y después de una palabra que no conoces para entender qué significa esa palabra.

estornino

cigüeña

Vi una cigüeña, un pato, un **estornino** y un cisne mientras caminaba por el parque.

cisne

pato

Palabras relacionadas

Las palabras relacionadas tienen la misma raíz. *Bicicleta, reciclar* y *ciclón* son palabras relacionadas. Todas tienen como raíz la palabra *ciclo*.

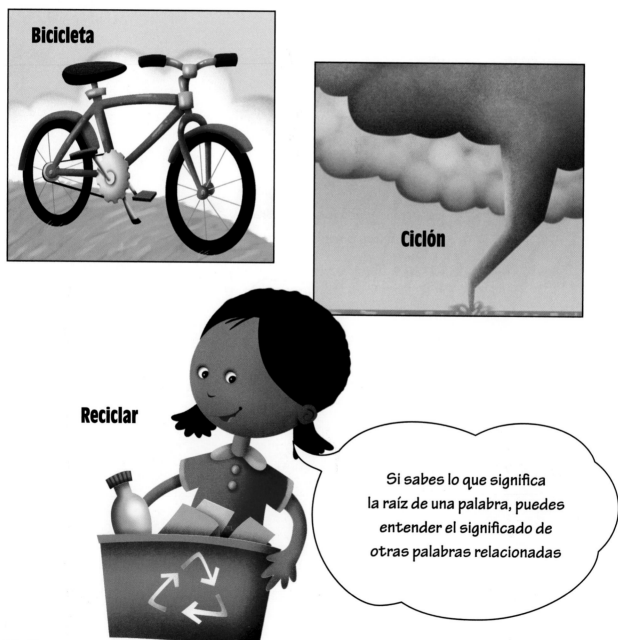

Bicicleta

Ciclón

Reciclar

Si sabes lo que significa la raíz de una palabra, puedes entender el significado de otras palabras relacionadas

Palabras compuestas

Las palabras compuestas son palabras formadas por otras más cortas. *Ciempiés* y *girasol* son palabras compuestas.

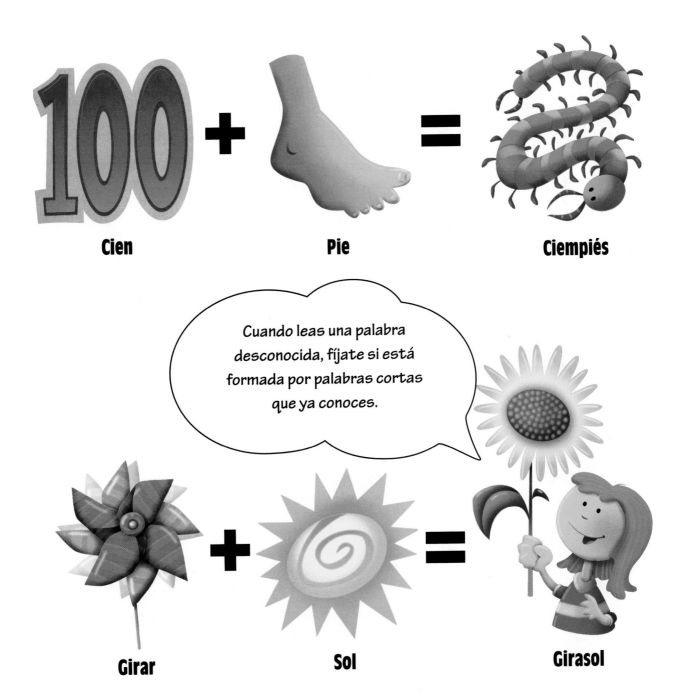

Cien + **Pie** = **Ciempiés**

Cuando leas una palabra desconocida, fíjate si está formada por palabras cortas que ya conoces.

Girar + **Sol** = **Girasol**

Palabras de varios significados

Hay palabras que tienen varios significados, dependiendo de cómo las usemos.

Homógrafos

Los homógrafos son palabras que se escriben igual, aunque tienen significado diferente.

Nada

Lee las palabras que aparecen antes y después de un homógrafo para entender su significado. Consulta un diccionario para asegurarte.

Nada

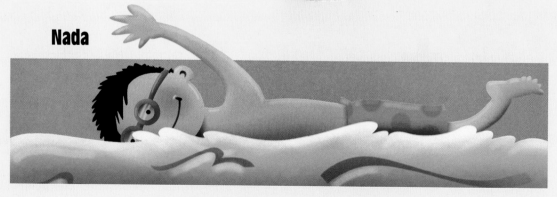

Homófonos

Los homófonos son palabras que suenan igual, pero se escriben de forma diferente y tienen significado diferente.

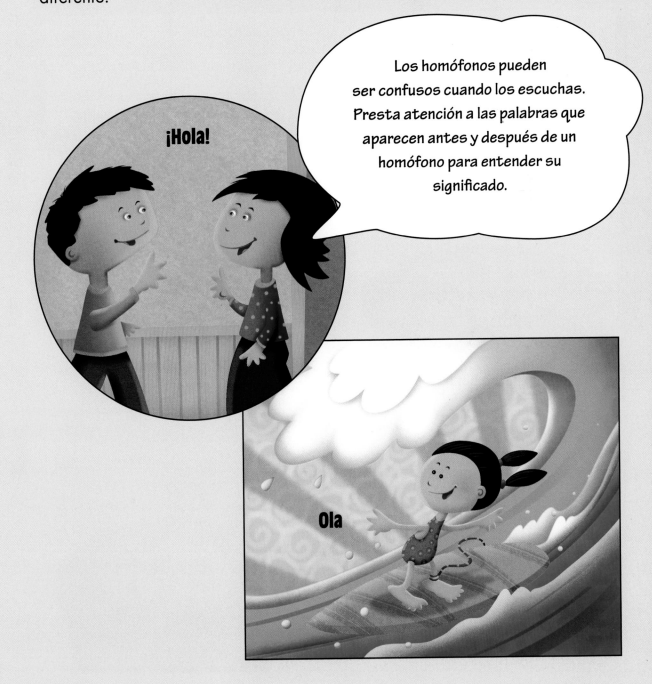

¡Hola!

Los homófonos pueden ser confusos cuando los escuchas. Presta atención a las palabras que aparecen antes y después de un homófono para entender su significado.

Ola

En esta tabla se ven claramente las diferencias entre homógrafos y homófonos.

Homógrafos y homófonos

	Escritura	Pronunciación	Significado
Homógrafos	igual	igual	diferente
Homófonos	diferente	igual	diferente

Homógrafos

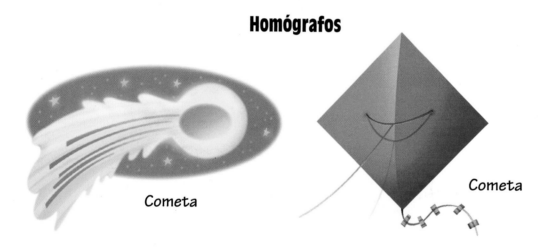

Cometa

Cometa

Homófonos

Bota

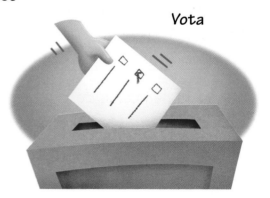

Vota

Diccionario/Glosario

Los diccionarios y los glosarios son libros que explican las palabras de una lengua. Las palabras de los diccionarios y glosarios aparecen en orden alfabético. Los glosarios se hallan al final de los libros.

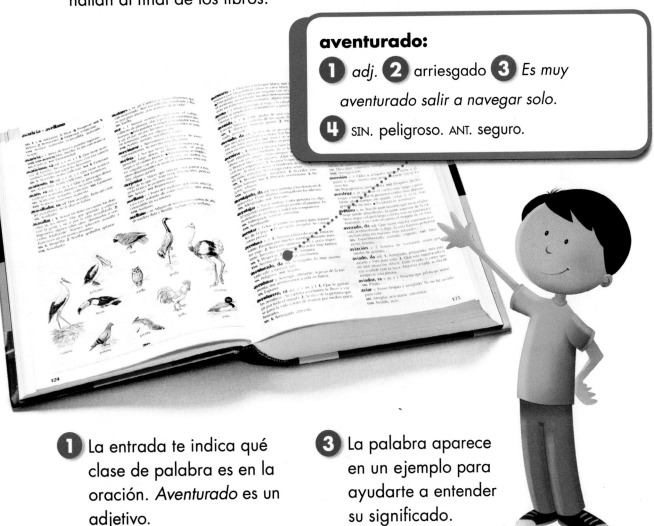

aventurado:

1 *adj.* **2** arriesgado **3** *Es muy aventurado salir a navegar solo.*

4 SIN. peligroso. ANT. seguro.

1 La entrada te indica qué clase de palabra es en la oración. *Aventurado* es un adjetivo.

2 Ésta es la definición de la palabra.

3 La palabra aparece en un ejemplo para ayudarte a entender su significado.

4 En algunos diccionarios puedes encontrar sinónimos y antónimos.

Diccionario de sinónimos

Los diccionarios de sinónimos se utilizan para buscar palabras que tienen significado similar. Sus entradas están en orden alfabético.

dormir *verbo*

reposar, descansar, yacer

Ten un diccionario de sinónimos a mano cuando escribas. Puede ayudarte a encontrar justo la palabra que buscas.